智能制造系列教材

U0657787

制造质量控制

MANUFACTURING QUALITY CONTROL

吕佑龙　张洁　编著

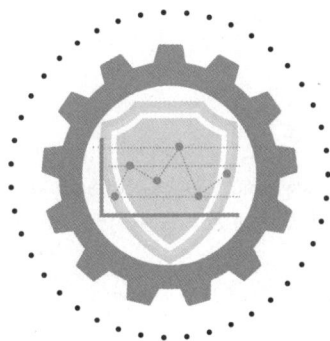

清华大学出版社

北京

图书在版编目（CIP）数据

制造质量控制 / 吕佑龙，张洁编著. -- 北京 ：清华大学出版社，2025. 6.
（智能制造系列教材）. -- ISBN 978-7-302-69258-4

Ⅰ. F407.4

中国国家版本馆 CIP 数据核字第 2025XT1809 号

责任编辑：刘　杨
封面设计：李召霞
责任校对：薄军霞
责任印制：杨　艳

出版发行：清华大学出版社
　　　　网　　　址：https：//www. tup. com. cn，https://www. wqxuetang. com
　　　　地　　　址：北京清华大学学研大厦 A 座　　　邮　　编：100084
　　　　社 总 机：010-83470000　　　　　　　　　邮　　购：010-62786544
　　　　投稿与读者服务：010-62776969，c-service@tup. tsinghua. edu. cn
　　　　质量反馈：010-62772015，zhiliang@tup. tsinghua. edu. cn
印 装 者：涿州市般润文化传播有限公司
经　　销：全国新华书店
开　　本：170mm×240mm　　印　张：6.75　　　　字　　数：134 千字
版　　次：2025 年 6 月第 1 版　　　　　　　　印　　次：2025 年 6 月第 1 次印刷
定　　价：32.00 元

产品编号：090012-01

智能制造系列教材编审委员会

主任委员

    李培根   雒建斌

副主任委员

    吴玉厚   吴 波   赵海燕

编审委员会委员（按姓氏首字母排列）

陈雪峰	邓朝晖	董大伟	高　亮
葛文庆	巩亚东	胡继云	黄洪钟
刘德顺	刘志峰	罗学科	史金飞
唐水源	王成勇	轩福贞	尹周平
袁军堂	张　洁	张智海	赵德宏
郑清春	庄红权		

秘书

    刘 杨

多年前人们就感叹,人类已进入互联网时代;近些年人们又惊叹,社会步入物联网时代。牛津大学教授舍恩伯格(Viktor Mayer-Schönberger)心目中大数据时代最大的转变,就是放弃对因果关系的渴求,转而关注相关关系。人工智能则像一个幽灵徘徊在各个领域,兴奋、疑惑、不安等情绪分别蔓延在不同的业界人士中间。今天,5G的出现使得作为整个社会神经系统的互联网和物联网更加敏捷,使得宛如社会血液的数据更富有生命力,自然也使得人工智能未来能在某些局部领域扮演超级脑力的作用。于是,人们惊呼数字经济的来临,憧憬智慧城市、智慧社会的到来,人们还想象着虚拟世界与现实世界、数字世界与物理世界的融合。这真是一个令人咋舌的时代!

但如果真以为未来经济就"数字"了,以为传统工业就"夕阳"了,那可以说我们就真正迷失在"数字"里了。人类的生命及其社会活动更多地依赖物质需求,除非未来人类生命形态真的变成"数字生命"了,不用说维系生命的食物之类的物质,就连"互联""数据""智能"等这些满足人类高级需求的功能也得依赖物理装备。所以,人类最基本的活动便是把物质变成有用的东西——制造!无论是互联网、物联网、大数据、人工智能,还是数字经济、数字社会,都应该落脚在制造上,而且制造是其应用的最大领域。

前些年,我国把智能制造作为制造强国战略的主攻方向,即便从世界上看,也是有先见之明的。在强国战略的推动下,少数推行智能制造的企业取得了明显效益,更多企业对智能制造的需求日盛。在这样的背景下,很多学校成立了智能制造等新专业(其中有教育部的推动作用)。尽管一窝蜂地开办智能制造专业未必是一个好现象,但智能制造的相关教材对于高等院校与制造关联的专业(如机械、材料、能源动力、工业工程、计算机、控制、管理……)都是刚性需求,只是侧重点不一。

教育部高等学校机械类专业教学指导委员会(以下简称"机械教指委")不失时机地发起编著这套智能制造系列教材。在机械教指委的推动和清华大学出版社的组织下,系列教材编委会认真思考,在2020年新型冠状病毒感染疫情正盛之时进行视频讨论,其后教材的编写和出版工作有序进行。

编写本系列教材的目的是为智能制造专业以及与制造相关的专业提供有关智能制造的学习教材,当然教材也可以作为企业相关的工程师和管理人员学习和培训之用。系列教材包括主干教材和模块单元教材,可满足智能制造相关专业的基础课和专业课的需求。

主干教材,即《智能制造概论》《智能制造装备基础》《工业互联网基础》《数据技术基础》《制造智能技术基础》,可以使学生或工程师对智能制造有基本的认识。其中,《智能制造概论》教材给读者一个智能制造的概貌,不仅概述智能制造系统的构成,而且还详细介绍智能制造的理念、意识和思维,有利于读者领悟智能制造的真谛。其他几本教材分别论及智能制造系统的"躯干""神经""血液""大脑"。对于智能制造专业的学生而言,应该尽可能必修主干课程。如此配置的主干课程教材应该是本系列教材的特点之一。

本系列教材的特点之二是配合"微课程"设计了模块单元教材。智能制造的知识体系极为庞杂,几乎所有的数字-智能技术和制造领域的新技术都和智能制造有关,不仅涉及人工智能、大数据、物联网、5G、VR/AR、机器人、增材制造(3D打印)等热门技术,而且像区块链、边缘计算、知识工程、数字孪生等前沿技术都有相应的模块单元介绍。本系列教材中的模块单元差不多成了智能制造的知识百科。学校可以基于模块单元教材开出微课程(1学分),供学生选修。

本系列教材的特点之三是模块单元教材可以根据各所学校或者专业的需要拼合成不同的课程教材,列举如下。

♯课程例1——"智能产品开发"(3学分),内容选自模块:

➤ 优化设计
➤ 智能工艺设计
➤ 绿色设计
➤ 可重用设计
➤ 多领域物理建模
➤ 知识工程
➤ 群体智能
➤ 工业互联网平台

♯课程例2——"服务制造"(3学分),内容选自模块:

➤ 传感与测量技术
➤ 工业物联网
➤ 移动通信
➤ 大数据基础
➤ 工业互联网平台
➤ 智能运维与健康管理

♯课程例3——"智能车间与工厂"(3学分),内容选自模块:

➤ 智能工艺设计
➤ 智能装配工艺

➤ 传感与测量技术

➤ 智能数控

➤ 工业机器人

➤ 协作机器人

➤ 智能调度

➤ 制造执行系统(MES)

➤ 制造质量控制

总之,模块单元教材可以组成诸多可能的课程教材,还有如"机器人及智能制造应用""大批量定制生产"等。

此外,编委会还强调应突出知识的节点及其关联,这也是此系列教材的特点。关联不仅体现在某一课程的知识节点之间,也表现在不同课程的知识节点之间。这对于读者掌握知识要点且从整体联系上把握智能制造无疑是非常重要的。

本系列教材的编著者多为中青年教授,教材内容体现了他们对前沿技术的敏感和在一线的研发实践的经验。无论在与部分作者交流讨论的过程中,还是通过对部分文稿的浏览,笔者都感受到他们较好的理论功底和工程能力。感谢他们对这套系列教材的贡献。

衷心感谢机械教指委和清华大学出版社对此系列教材编写工作的组织和指导。感谢庄红权先生和张秋玲女士,他们卓越的组织能力、在教材出版方面的经验、对智能制造的敏锐性是这套系列教材得以顺利出版的最重要因素。

希望本系列教材在推进智能制造的过程中能够发挥"系列"的作用!

2021 年 1 月

制造业是立国之本，是打造国家竞争能力和竞争优势的主要支撑，历来受到各国政府的高度重视。而新一代人工智能与先进制造深度融合形成的智能制造技术，正在成为新一轮工业革命的核心驱动力。为抢占国际竞争的制高点，在全球产业链和价值链中占据有利位置，世界各国纷纷将智能制造的发展上升为国家战略，全球新一轮工业升级和竞争就此拉开序幕。

近年来，美国、德国、日本等制造强国纷纷提出新的国家制造业发展计划。无论是美国的"工业互联网"、德国的"工业 4.0"，还是日本的"智能制造系统"，都是根据各自国情为本国工业制定的系统性规划。作为世界制造大国，我国也把智能制造作为推进制造强国战略的主攻方向，并于 2015 年发布了《中国制造 2025》。《中国制造 2025》是我国全面推进建设制造强国的引领性文件，也是我国实施制造强国战略的第一个十年的行动纲领。推进建设制造强国，加快发展先进制造业，促进产业迈向全球价值链中高端，培育若干世界级先进制造业集群，已经成为全国上下的广泛共识。可以预见，随着智能制造在全球范围内的孕育兴起，全球产业分工格局将受到新的洗礼和重塑，中国制造业也将迎来千载难逢的历史性机遇。

无论是开拓智能制造领域的科技创新，还是推动智能制造产业的持续发展，都需要高素质人才作为保障，创新人才是支撑智能制造技术发展的第一资源。高等工程教育如何在这场技术变革乃至工业革命中履行新的使命和担当，为我国制造企业转型升级培养一大批高素质专门人才，是摆在我们面前的一项重大任务和课题。我们高兴地看到，我国智能制造工程人才培养日益受到高度重视，各高校都纷纷把智能制造工程教育作为制造工程乃至机械工程教育创新发展的突破口，全面更新教育教学观念，深化知识体系和教学内容改革，推动教学方法创新，我国智能制造工程教育正在步入一个新的发展时期。

当今世界正处于以数字化、网络化、智能化为主要特征的第四次工业革命的起点，正面临百年未有之大变局。工程教育需要适应科技、产业和社会快速发展的步伐，需要有新的思维、理解和变革。新一代智能技术的发展和全球产业分工合作的新变化，必将影响几乎所有学科领域的研究工作、技术解决方案和模式创新。人工智能与学科专业的深度融合、跨学科网络以及合作模式的扁平化，甚至可能会消除某些工程领域学科专业的划分。科学、技术、经济和社会文化的深度交融，使人们可以充分使用便捷的软件、工具、设备和系统,彻底改变或颠覆设计、制造、销售、服务和消费方式。因此,工程教育特别是机械工程教育应当更加具有前瞻性、创新性、开放性和多样性,应当更加注重与世界、社会和产业的联系,为服务我国新的"两步走"宏伟愿景做出更大贡献,为实现联合国可持续发展目标发挥关键性引领作用。

需要指出的是,关于智能制造工程人才培养模式和知识体系,社会和学界存在多种看法,许多高校都在进行积极探索,最终的共识将会在改革实践中逐步形成。我们认为,智能制造的主体是制造,赋能是靠智能,要借助数字化、网络化和智能化的力量,通过制造这一载体把物质转化成具有特定形态的产品(或服务),关键在于智能技术与制造技术的深度融合。正如李培根院士在丛书序1中所强调的,对于智能制造而言,"无论是互联网、物联网、大数据、人工智能,还是数字经济、数字社会,都应该落脚在制造上"。

经过前期大量的准备工作,经李培根院士倡议,教育部高等学校机械类专业教学指导委员会(以下简称"机械教指委")课程建设与师资培训工作组联合清华大学出版社,策划和组织了这套面向智能制造工程教育及其他相关领域人才培养的本科教材。由李培根院士和雒建斌院士、部分机械教指委委员及主干教材主编,组成了智能制造系列教材编审委员会,协同推进系列教材的编写。

考虑到智能制造技术的特点、学科专业特色以及不同类别高校的培养需求,本套教材开创性地构建了一个"柔性"培养框架:在顶层架构上,采用"主干教材+模块单元教材"的方式,既强调了智能制造工程人才必须掌握的核心内容(以主干教材的形式呈现),又给不同高校最大程度的灵活选用空间(不同模块教材可以组合);在内容安排上,注重培养学生有关智能制造的理念、能力和思维方式,不局限于技术细节的讲述和理论知识的推导;在出版形式上,采用"纸质内容+数字内容"的方式,"数字内容"通过纸质图书中列出的二维码予以链接,扩充和强化纸质图书中的内容,给读者提供更多的知识和选择。同时,在机械教指委课程建设与师资培训工作组的指导下,本系列书编审委员会具体实施了新工科研究与实践项目,梳理了智能制造方向的知识体系和课程设计,作为规划设计整套系列教材的基础。

本系列教材凝聚了李培根院士、雒建斌院士以及所有作者的心血和智慧,是我国智能制造工程本科教育知识体系的一次系统梳理和全面总结,我谨代表机械教指委向他们致以崇高的敬意!

赵维

2021 年 3 月

前言

PREFACE

　　质量是制造企业的生命线,也是产品保持持续竞争力的根本。如何有效地控制和提高产品质量,一直是制造业面临的关键课题。本书系统地阐述了制造质量控制的基本理论和方法,为相关专业的学生和从业人员提供了全面的知识和应用指引。

　　本书共分 5 章,内容包括制造质量控制的基础概念、数据特点分析、常用质量分析方法介绍、全面质量管理方法应用,以及基于智能技术的制造质量控制方法。对这些核心内容的系统论述,可使读者全面掌握制造质量控制的基本原理和实践技能。

　　本书的特色在于将理论知识与实际案例有机结合,注重培养学生分析问题和解决问题的能力。同时,本书还关注新兴智能技术在制造质量控制中的应用,为读者展现制造质量管理的前沿动态。

　　本书编写过程中,研究生赵博、邱庆鹏、张伟、朱鸿鹏等承担了不少任务,付出了大量心血,在此对他们表示感谢。本书编写过程中参考了大量的文献,编者在书中尽可能地进行了标注,如果因疏忽存在未标注之处,敬请有关作者谅解,同时表示由衷的感谢。

　　我们希望,本书能为广大读者提供系统的制造质量控制知识体系,为他们未来在制造行业的发展奠定坚实的基础。

作　者

2024 年 12 月

目　录

CONTENTS

第1章

制造质量控制概述

1.1　质量的定义

在一万年前的石器时代,人类就有了质量意识,并且还会对制作的石器进行简单的检验。随着社会经济和科学技术的发展,质量的内涵也在不断充实、完善和深化。同样,人们对质量概念的认识也经历了一个不断发展和深化的历史过程。正如人类对一切事物的认识过程一样,社会对"质量"的理解在不同的历史阶段也表现出不同的特点。因此,本节将从以客观性为主的产品维度、以主观性为主的服务维度,以及国际标准化组织三个维度对现阶段质量的定义展开介绍。

1.1.1　产品维度的质量

任何产品都是为了满足用户的使用需求而制造的。无论是简单产品,还是复杂产品,都应当用产品质量特性或特征去描述产品质量。每个人都对质量有不同的理解,这也就产生了众多对质量的定义。哈佛商学院的戴维·加文将这些质量定义归为五类。

(1) 难以形容的:质量是一种直觉的感知,只可意会不可言传,如同美丽或爱。

(2) 基于产品的:质量存在于产品中,产品的零部件和特性就是产品的质量。

(3) 基于用户的:用户满意的产品或服务,就是好的质量。

(4) 基于制造的:符合设计规格的产品具有好的质量。

(5) 基于价值的:性价比高的产品或服务具有好的质量。

在上述五种质量定义的基础上,戴维·加文还提出了八个质量维度,来描述产品的质量。

(1) 性能:性能是指产品达到预期目标的效能。如手表走时准确、暖瓶具有保温能力。

(2) 特征:特征是指用于描述产品基本的或新增的性能属性,包括蕴含在产品中的一些"新花样"。如电视机中的环绕立体声、高分辨率等。产品的新特征已经成为产品附加价值的基础。

（3）可靠性：可靠性是指产品在使用寿命周期内，完全按照设计的标准实现其应有的功能。如果一个产品在其寿命周期内故障率很低，则该产品就具有高可靠性。如电视机的平均无故障工作时间、机床精度的稳定期限等。

（4）符合性：符合性是一种最传统的质量定义。通常在产品设计时，会将产品的性能量化，如冰箱的容量、体积、耐久性，将产品的这些要求称为规格。规格可容许少量的变动，即容差，如果产品规格全部在容差范围之内，则该产品就具有符合性。

（5）耐久性：耐久性是反映一个产品保持其应有性能的时间量，使用时间越长，其耐久性越强。如电灯泡就是一种耐久性很差的产品，非常容易受损且无法修复；相反，垃圾桶的耐久性较强。

（6）可维护性：可维护性是指产品易于修复。如果一个产品可以很容易地被修复且修复代价很低，则该产品就具有可维护性。

（7）美感：美感是一种主观感觉特征，如味觉、触觉、听觉、视觉及嗅觉。例如，汽车内装饰材料采用塑料制品不但可以减少保养时间，而且便宜、耐用，但大多数人还是选择真皮内饰，主要原因是其更能体现令人愉悦的美感。

（8）感知质量：感知质量是以用户的感觉为准的质量维度。用户以个人的感觉判断产品的好坏，如品牌形象、知名度、广告宣传等，这些因素也会影响用户对产品感知质量的评判。

1.1.2　服务维度的质量

服务维度的质量指服务性行业各项活动或工业产品的销售和售后服务活动，满足规定或潜在需求的特征和特性的总和。戴维·加文归纳出的质量维度更多地关注实体产品的质量，而服务作为一种无形产品，具有用户直接参与等特殊性，因此，服务质量比一般产品的质量更难定义。

三位来自得克萨斯A&M大学的市场营销教授，提出了服务质量维度，并被许多服务公司接受并采用，具体内容如下。

（1）有形性：有形性包括服务设施、设备、人员和所要传递信息的展示方式，如宾馆的床单泛黄，必将得到较低的质量评分；商店为营造良好的购物氛围，要设计布置适宜的灯光。

（2）可靠性：不同于产品可靠性，服务可靠性是指服务提供者可靠地、准确地履行服务承诺的能力。

（3）响应性：响应性是指服务提供者帮助顾客并迅速提供服务的意愿。

（4）保证性：保证性是指服务提供者具备的知识、礼节、自信等可以表现出值得信任的能力。例如，要做心脏手术，你必定想要找一位有能力、有经验的医生主刀才放心。

（5）移情性：移情性指的是服务提供者对顾客感受和需求的理解能力，以及在服务过程中表现出的同情心和关怀。这意味着服务提供者能够设身处地为顾客着想，感知他们的情感和需求，并相应地调整服务以满足顾客的期望。通常，移情性对于建立良好的顾客关系和提供优质服务至关重要。在餐饮业有句名言："如果仅仅为了钱，你将无法生存。"如果服务提供者始终只关注顾客的价值而忽略顾客的感觉，就会降低服务的质量。

与产品质量一样，服务质量也包括许多其他维度，如可用性、专业性、适时性、完整性和愉悦性等。在进行服务设计时，应尽量同时考虑这些不同的服务维度，这样才能更有效、更全面地提升企业的服务质量。

1.1.3　国际标准化组织维度的质量

国际标准化组织（International Organization for Standardization，ISO）在其国际标准 ISO 9000：2015《质量管理体系——基础和术语》中对质量的定义为：一个关注质量的组织倡导一种通过满足顾客和其他有关相关方的需求和期望来实现其价值的文化，这种文化将反映在其行为、态度、活动和过程中。产品和服务质量取决于满足顾客的能力，以及对相关方预期或非预期的影响。

产品和服务的质量不仅包括其预期的功能和性能，还涉及顾客对其价值和利益的感知。

由于组织、顾客和其他相关方的需求是动态的、广泛的，因此在理解质量定义的同时，还应考虑质量概念的以下特征。

（1）广义性：质量不仅指产品的质量，还包括过程和体系的质量。

（2）时效性：组织、用户和其他相关方的需求和期望会因时间、地点而变化，质量要求必须不断做出相应调整。

（3）相对性：需求的日趋多元化、个性化决定了对同一产品的同一功能也可能有不同的需求。只要能满足需求，就应该认为产品质量是好的，也就是说，质量没有绝对的标准。

（4）经济性："物超所值""物美价廉""性价比"等均描述了质量的经济性。质量和价格是产品在市场中的两个基本参数。

1.2　质量管理及其发展

上一节探讨了质量的定义，明确了质量不仅包括产品或服务的内在特征，还包括满足用户需求和期望的能力。随着对质量理解的深入，自然会想到如何在实际操作中维持和提升这种质量。这就引出了质量管理的概念。质量管理不仅关注产品本身的质量，更关注如何通过系统化的过程和方法持续优化质量水平。接下来将讨论质量管理的定义与任务,以及质量管理的发展过程,它们是如何从理论层面的质量概念转化为具体的管理策略和行动计划的。这一过程包括建立质量标准、监控质量指标及不断改进操作流程,从而确保每个环节都能有效地支持质量目标的实现。

1.2.1 质量管理的定义与任务

质量管理是企业为了保证和提高产品与服务质量而开展的各项管理活动的总称。国际标准化组织质量管理和质量保证技术委员会在总结各国质量管理实践经验的基础上,对质量管理提出了如下定义:"质量管理为确定质量方针、目标和职责,并通过质量体系中的质量策划、质量控制、质量保证和质量改进来使其实现的所有管理职能的全部活动。"

质量方针是由组织的最高管理者正式发布的该组织总的质量宗旨和方向。通常质量方针与组织的总方针一致,并为制定质量目标提供框架。质量方针应具有相对稳定性,同时为适应组织内外部环境的变化必须及时进行修订。质量管理的7项基本原则分别为以顾客为关注焦点、领导作用、全员积极参与、过程方法、改进、循询决策和关系管理。

质量目标是组织在质量方面追求的目的。质量目标通常是依据组织的质量方针制定的,一般组织需要对自身的相关职能和层次分别制定质量目标。其制定、实施和评价应随着组织内外环境的变化而不断地调整。组织应依据质量目标实现的程度评价组织质量管理体系的有效性。

质量策划是质量管理的一部分,致力于制定质量目标并规定必要的运行过程和相关资源以实现质量目标。质量策划的主要内容如下。

(1) 产品策划:对质量特性进行识别、分类和比较,并建立其目标、质量要求和约束条件。

(2) 管理和作业策划:对实施质量体系进行准备,包括组织和安排。

(3) 质量计划编制和质量改进规定完善。

质量控制是质量管理的一部分,致力于满足质量要求。质量控制是为保证产品的生产过程和出厂质量达到质量标准而采取的一系列作业技术检查和有关活动,是质量保证的基础。质量控制是指通过监视质量形成过程,消除质量环上所有阶段引起不合格或不满意效果的因素,以达到质量要求,获取经济效益。质量控制是预防产生不合格产品的重要手段和措施,贯穿产品形成和体系运行的全过程。质量检验从属于质量控制,是质量控制的重要活动。

质量保证是质量管理的一部分,致力于提供质量要求得到满足的信任。质量保证是为使人们确信某一产品、过程或服务的质量所必需的全部有计划、有组织的活动。

质量改进是质量管理的重要组成部分,旨在提高产品或服务满足质量要求的能力。这些要求可能涉及有效性、效率或可追溯性等方面。质量改进的方法是主动采取措施,使质量在原有的基础上取得突破性的提高。美国质量管理专家朱兰博士认为,质量改进是使效果达到前所未有的水平的突破过程。质量改进与质量控制的效果不同,但两者是紧密相关的:质量控制是质量改进的前提,质量改进是质量控制的方向,控制意味着维持其质量水平,改进的效果则是突破或提高。质量管理与质量体系要素间的关系如图 1-1 所示。

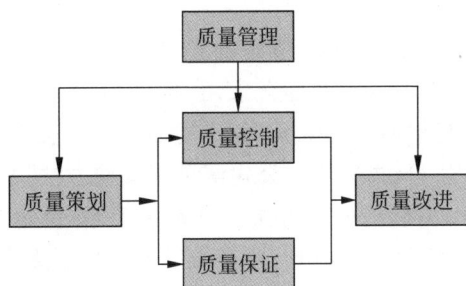

图 1-1　质量管理与质量体系要素间的关系

质量管理的主要任务如下。

（1）正确制定和贯彻执行质量方针和政策。

（2）保证和提高产品质量和服务质量,生产物美价廉的产品。

（3）满足用户的需求。

（4）不断降低资源消耗,降低成本,提高经济效益。

（5）不断提高质量意识和素质,促进企业整体素质和管理水平的提高。

（6）研究和发展质量理论和质量科学。

1.2.2　质量管理的发展过程

人类历史上自有商品生产以来,就产生了以商品的成品检验为主的质量管理方法。根据历史文献记载,我国早在 2400 多年前,就有了青铜刀枪武器的质量检验制度。由此可以看出,在不同时期,质量管理的理论、技术和方法都在不断地发展变化,并具有不同的发展特点。从一些工业比较发达的国家来看,质量管理的发展大致经历了 4 个阶段。

1. 产品质量检验阶段

20 世纪初,美国工程师泰勒总结了工业革命以来的经验,根据大工业管理实践,提出了一套工业管理理论,其中有一条就是主张:在企业中,要想提高效率,就必须把计划职能和执行职能分开,一部分人专门负责设计、制订计划,而另一部分人负责执行(实施)。为保证这个环节协调与检查计划的执行情况,其间必须设置一个检验环节,将产品的检验从制造过程中分离出来,成为一个独立的工序。

质量检验对于手工业生产来说,无疑是一个很大的进步,因为它有利于提高生产率,有利于分工的发展。但从质量管理的角度看,质量检验的效能较差,因为这一阶段的特点是按照标准的规定对成品进行检验,即从成品中挑出不合格品,这种质量管理方法的任务只是"把关",即严禁不合格品出厂或流入下一工序,而不能预防废品产生。

1924 年,美国贝尔电话电报公司的统计学家休哈特(W. A. Shewhart)博士提出了"预防缺陷"的概念。他认为,质量管理除检验外,还应做到预防,解决的办法就是采用他提出的控制图。

与此同时,同属贝尔电话电报公司的道奇(H. F. Dodge)和罗米格(H. G. Romig)共同提出,在破坏性检验的场合采用"抽样检验法",并提出了第一个抽样检验方案。此外,还有瓦尔德(A. Wald)的序贯抽样检验法等统计方法。当时只有少数企业,如通用电器公司、福特汽车公司等采用这些方法,并取得了明显的效果,而大多数企业仍然沿用事后检验的方法。这是由于 20 世纪 30 年代前后,资本主义国家发生了严重的经济危机,在当时生产力发展水平不太高的情况下,对产品质量的要求也不是很高,数理统计方法未被普遍接受。因此,第一阶段即质量检验阶段一直延续到 20 世纪 40 年代。

2. 统计质量管理阶段

由于第二次世界大战对大量产品(特别是军需品)的需要,质量检验工作立刻显示出其弱点,检验部门成了生产中最薄弱的环节。由于事先无法控制质量,以及检验工作量大,军火生产常常延误交货期,影响前线军需供应。这时人们重新开始关注休哈特提出的防患于未然的产品质量控制方法,以及道奇和罗米格的"抽样检验法",这些几乎被人们遗忘也未被普遍接受的方法被重新重视起来。随后,美国政府和国防部组织数理统计学家解决实际问题,制定战时国防标准。

在美国战时质量管理方法的研究中,哥伦比亚大学的"统计研究组"作出了较大的贡献。该组是作为政府机关的应用数学咨询机构成立的(1942 年 6 月成立,1945 年 9 月撤销),在其许多研究成果中,具有特殊意义的是瓦尔德提出的逐次抽检(序贯抽检)法。

第二次世界大战后,美国的产业界顺利地从战时生产转入和平生产,统计方法在国民工业生产中得到了广泛的应用,随后也在欧美各国乃至资本主义世界各国相继推行。

这一阶段的主要方法是利用数理统计原理,预防废品产生并检验产品的质量。在职责方式上由专职检验人员承担转变为由专业质量控制工程师和技术人员承担。这标志着由事后检验的观念转变为预防质量事故的发生并事先加以预防的观念,推动了质量管理工作的显著进展。

3. 全面质量管理阶段

20 世纪 60 年代开始进入全面质量管理阶段。20 世纪 50 年代以来,由于科学技术的迅速发展,工业生产技术手段日益迈向现代化,工业产品更新换代也越发频繁,出现了许多大型产品和复杂的系统工程,对质量提出了更高的要求,尤其是安全性和可靠性方面的要求更为突出。此时单纯依靠统计质量控制已无法满足要求。因为整个系统工程与试验研究、产品设计、试验鉴定、生产准备、辅助过程、使用过程等各环节都有密切联系,仅凭控制过程是无法保证质量的。这就需要从系统的角度全面管理产品质量形成的各环节和各阶段。

行为科学在质量管理中得到了应用,其中一个主要观点是重视人的作用,认为人的行为会受心理因素、生理因素和社会环境等方面的影响。同时必须认识到,如果忽视人的因素,质量管理就难以取得好的效果,因而在质量管理领域涌现出一系列新概念,如"依靠工人""自我控制""无缺陷运动""QC 小组活动"等,以更全面地考虑和利用人的作用。

此外,由于"保护消费者利益"运动的兴起和发展,迫使政府制定产品质量相关法规,禁止企业生产和销售质量低劣、影响安全、危害健康的劣质产品,并要求其对所提供产品的质量承担法律和经济责任。

基于上述理由,美国通用电器公司的费根堡姆(A. V. Feigenbaum)和朱兰博士等先后提出了全面质量管理的思想,或称"综合质量管理"。费根堡姆于 1961 年出版了《全面质量管理》一书,主张用全面质量管理代替统计质量管理,并提倡关注质量成本,加强企业经营的全面质量管理。从以统计为基础的质量管理发展到全面质量管理,是质量管理工作的又一大进步。全面质量管理阶段的标志是将企业的经营管理、数理统计等管理手段与现代科学技术密切地结合,建立一套质量管理工作系统,以保证经济、高效地生产出满足用户要求的产品。这个时期的质量管理,无论是在深度上还是在广度上均取得了长足发展。

4. 标准质量管理阶段

1) ISO 9000 质量管理标准

随着全球经济的不断发展,对贸易中质量管理和质量保证提出了共同的语言和准则要求,并作为质量评价的依据。同时,为适应全球性质量体系认证的多边互认、减少技术壁垒和贸易壁垒的需要,ISO 不断总结世界各国质量管理准则,并以工业发达国家的质量管理为基础,协调各国质量标准的差异,于 1987 年发布了 ISO 9000 质量管理和质量保证系列国际标准。并于 1994 年发布 ISO 9000 系列国际标准。此后,ISO 对这些标准进行了多次修正和补充,在 2005 年正式发布了 ISO 9000:2005《质量管理体系　基础和术语》,在 2008 年正式发布了 ISO 9001:2008《质量管理体系　要求》,在 2015 年发布了 ISO 9001:2015,增加了风险评估、利益相关方需求分析与领导力作用描述等相关内容,并计划在 2025 年发布最新版的 ISO 9001:2025。

自 ISO 9000 系列标准问世以来,为加强质量管理、适应质量竞争的需要,各国企业纷纷采用 ISO 9000 系列标准,在企业内部建立质量管理体系并申请质量体系认证。这种做法迅速形成了一股全球性潮流,得到 100 多个国家和地区的认可与采用,并将其转化为本国的国家标准。我国也从 1988 年开始采用 ISO 9000 系列标准,帮助进一步推动我国质量管理水平的提升,为我国企业开展国际竞争与合作提供有力支持。

2)质量管理七项原则

ISO 9001:2015 标准中明确了质量管理的七项原则,这七项原则科学地总结了世界各国多年来的理论研究成果和实践经验,体现了质量管理的基本规律,是 2015 版 ISO 9001 质量管理体系标准的基础。

七项原则具体如下:①顾客聚焦;②领导作用;③全员参与;④过程方法;⑤改进;⑥循证决策;⑦关系管理。

3)质量管理体系

(1)质量管理体系的定义。实施有效的质量管理活动需要建立一个质量管理体系(quality management system,QMS)。质量管理体系被定义为在质量方面指导和控制组织的管理体系。按照 ISO 9001:2015 标准的描述,其涵盖制定质量方针和目标,进行质量策划、质量控制、质量保证和质量改进等一系列相互关联或相互作用的活动。简言之,质量管理体系提供了一个框架,确保组织能够在质量方面高效运作,并支持组织设定明确的方针和目标,同时通过持续监控和改进来实现这些目标。在现代企业管理中,质量管理体系最新版本的标准 ISO 9001:2015,是目前全球范围内广泛采用的质量管理体系标准。

质量管理体系是相互关联和作用的组合体,包括:①组织结构:合理的组织机构和明确的职责、权限及其协调关系;②程序:规范完善的文件程序和作业指导书,是保证过程运行和活动进行的依据;③过程:质量管理体系的有效实施,是通过其所需申请过程的有效运行实现的;④资源:必需、充分且适宜的资源包括人员、资金、设施、设备、原料、能源、技术和方法。

(2)质量管理体系的建立。《质量管理 组织的质量 实现持续成功指南》(GB/T 19004—2020)指出,质量管理体系建立的依据是质量环,其中包括 12 个环节,如图 1-2 所示。质量环把产品整个生命周期中各质量职能按照逻辑顺序串联起来,用于表征产品形成的完整过程及其规律性特征,反映产品质量形成的客观规律,它是指导企业建立质量体系的理论基础和基本依据。

4)质量认证

(1)产品质量认证。产品质量认证由第三方依据程序对产品符合规定的要求给予书面认证,即通过第三方(认证机构)颁发的认证证书,使有关方面(关心产品质量的组织和个人)确信产品符合特定的产品质量标准和规定。

产品质量认证有助于产品质量水平的提高,使企业建立健全、有效和完善的质量体系,为销售商和最终用户提供适当的信任,从而降低成本,提升社会效益和经济效益,树立企业形象,拓展企业市场。

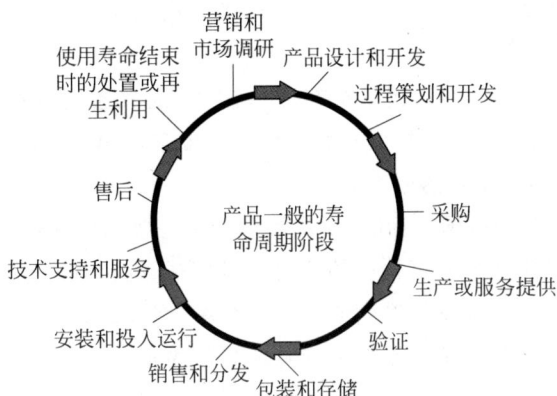

图 1-2　质量环

我国产品质量认证管理条例规定,产品认证分为安全认证和合格认证。安全认证属于强制性认证范畴,而合格认证一般是自愿进行的。

(2) 质量管理体系认证。质量管理体系认证是依据 ISO 发布的 ISO 9000 质量管理体系国际标准,经过认证机构对企业的质量体系进行审核,并以颁发认证证书的形式,证明企业的质量管理体系和质量保证能力符合相关要求,最终授予合格证书并予以注册的全部活动。

5) 我国的质量管理体系标准

我国质量管理体系标准文件《质量管理体系　要求》(GB/T 19001—2016),于 2017 年 7 月 1 日实施的一项中华人民共和国国家标准,归口于全国质量管理和质量保证标准化技术委员会。该标准规定了对质量管理体系的以下要求:①需要证实其具有稳定提供满足顾客要求及适用法律法规要求的产品和服务的能力;②通过体系的有效应用,包括体系改进的过程,以及保证符合顾客要求和适用的法律法规要求,旨在增强顾客满意度。该标准规定的所有要求都是通用的,旨在适用于各种类型、不同规模和提供不同产品和服务的组织。

(1) 编制进程。

2014 年 11 月 20 日,国家标准计划《质量管理体系　要求》(20141439-T-469)下达,项目周期为 12 个月,由 TC 151(全国质量管理和质量保证标准化技术委员会)归口上报与执行,主管部门为国家标准化管理委员会。全国标准信息公共服务平台显示,该计划已完成网上公示、起草、征求意见、审查、批准、发布工作。

2015 年 6 月,征集起草组专家,成立起草组。为了及时将 ISO 9001 转化为国家标准,于 2015 年 8 月 27—28 日在北京召开起草组第一次会议,根据 ISO/FDIS9001:2015,讨论《质量管理体系　要求》草案,并形成第一次内部征求意见稿。

2015 年 9 月 16—18 日,起草组在天津(中国汽车技术研究中心)召开第二次会议,评议针对《质量管理体系　要求》(内部征求意见稿)提出的 239 条意见,并对照

ISO9001：2015 修改《质量管理体系　要求》第一次内部征求意见稿，形成第二次内部征求意见稿。

2015 年 10 月 20—22 日，起草组在广西柳州(上汽通用五菱汽车股份有限公司)召开第三次会议，评议针对《质量管理体系　要求》(第二次内部征求意见稿)提出的 103 条意见，形成正式的征求意见稿。

2016 年 12 月 30 日，国家标准《质量管理体系　要求》(GB/T 19001—2016)由中华人民共和国国家质量监督检验检疫总局、国家标准化管理委员会发布。

2017 年 7 月 1 日，国家标准《质量管理体系　要求》(GB/T 19001—2016)实施，全部代替标准《质量管理体系　要求》(GB/T 19001—2008)。

(2) 修订依据。

国家标准《质量管理体系　要求》(GB/T 19001—2016)依据国家标准《标准化工作导则　第 1 部分：标准的结构和编写》(GB/T 1.1—2009)和《标准化工作指南　第 2 部分：采用国际标准》(GB/T 20000.2—2009)起草。该标准使用翻译法等同采用《质量管理体系　要求》(ISO 9001：2015)(英文版)。

(3) 修订情况。

《质量管理体系　要求》(GB/T 19001—2016)与《质量管理体系　要求》(GB/T 19001—2008)相比，除编辑性修改外主要技术变化如下：采用《ISO/IEC 导则　第 1 部分　ISO 补充规定》的附件 SL 中给出的高层结构；采用基于风险的思维；更少的规定性要求；对成文信息的要求更加灵活，提高了服务行业的适用性；更加强调组织环境；增强对领导作用的要求；更加注重实现预期的过程结果以增强顾客满意度。

1.3　产品质量影响因素

在了解了质量和质量管理的基本概念之后，必须认识到，质量管理并不仅仅是一个静态的过程，而是一个动态的系统，涉及诸多因素。产品质量的优劣直接受到多种因素的影响，包括原材料的选择、生产工艺的控制、设备的维护、员工的技能水平及外部环境的变化等。因此，质量管理的核心在于识别和掌握这些影响因素，通过科学的管理方法进行有效控制。接下来将探讨这些影响产品质量的关键因素，了解如何通过优化这些因素提升产品质量，从而实现卓越的质量管理目标。

现代工业产品的质量一般以规格和标准的形式反映，如节能灯、电池要有一定的使用寿命，钢丝绳、化学纤维要有一定的抗拉强度，电气元件要有一定的稳定性等。但在任何情况下，按一定的标准(包括设计标准、材料标准、工艺标准、工作标准等)制造的大量同类产品间总是存在差别，称之为变异，即同类产品的质量不会完全相同，而是存在差异或分散的情况，即总是存在某种因素影响着产品质量。

1.3.1　根据产品质量变异的来源分类

根据质量变异的来源,可将产品质量的影响因素划分为人员(man)、机器(machine)、材料(material)、方法(method)、环境(environment)和测量(measurement),根据每个因素的英文首字母简记为 5M1E。

其中,人员的因素主要包括人的思想觉悟、身体素质、数量、技术水平、职业资格等级等;机器的因素主要包括工具、设备等的完好性,数量,维修及时性等;材料的因素主要包括材料的质量、数量、型号、性能等;方法的因素主要包括操作方法、程序、工艺的科学性等;环境的因素主要包括现场环境、天气环境、管理环境等;测量的因素主要包括测量工具的数量、性能、测量过程的可靠性、读数的准确性等。

1.3.2　根据产品质量变异的原因分类

根据产品质量变异的原因可将产品质量的影响因素分为三大类:随机因素、系统因素、异常的特殊因素。

1)随机因素

随机因素又称偶然因素,是指一些随机的、偶然性因素,导致产品质量的变化。随机因素对质量影响较小,不易识别,能够加以控制或减少,但技术上难以消除,或经济上不值得消除。如原材料的化学成分、热处理结果、机床的振动、刀具的硬度、室温的变化、夹具的弹性变形及微小松动、工人操作的不均匀性等。

2)系统因素

系统因素又称非偶然因素,是指一些不经常发生的、对产品质量影响较大且前后呈现一定规律的因素,容易识别,也能消除。如刀具的磨损、原材料不合格、机器设备故障或操作方法不当等。

3)异常的特殊因素

异常的特殊因素是在特殊情况下产生的,如电力供应混乱、机器失灵、操作人员精力不集中等。

随机因素是无法完全预测或控制的,而系统因素是可以通过有效的规划和管理避免的。产品质量控制就是要对系统性因素造成的产品质量差异加以控制,以保证生产的产品质量符合标准。

1.3.3　根据产品设计制造过程的角度分类

不同质量因素对产品质量的影响程度各不相同,从设计制造过程的角度看,可将产品质量影响因素分为控制因素、标示因素、信号因素和误差因素。

1)控制因素

控制因素是指为了改进产品的质量特性,在技术上能控制其水平(取值范围)

的因素,因此也称可控因素或设计变量、设计参数。例如,材料种类、产品结构形式、结构参数时间、温度、压力、浓度等易于控制的因素。产品的设计质量控制过程就是选择最适宜的控制因素水平及其组合,以得到价廉物美的产品。

2）标示因素

标示因素是指维持环境与使用条件等方面的因素,其水平值在设计前就已经确定。产品的各种使用条件、设备的差别、操作人员的熟练程度等都属于标示因素。例如,在利用 X 线对钢板焊缝进行无损检测过程中,X 线机的电压有三种取值,对应同一焊缝,就要根据这三种电压分别选择适合的曝光时间,以便在 X 光底片上得到清晰的焊缝成像。在这种情况下,X 线机的三种电压就是标示因素,曝光时间是控制因素。产品的质量设计过程就是在标示因素的某种水平状态下,通过调节其他各控制因素的水平,寻求各控制因素的最适宜水平或使用范围。

3）信号因素

信号因素是指为实现目标结果而选取的因素,也是产品的质量特性需要达到的目标值。汽车的转向盘转角、压力机的压力、染色工艺的染料用量等都属于信号因素。信号因素具有对产品质量特性值(产品输出特性值)和目标值之间的偏差进行校正的作用。因此,设计过程中选取的信号因素应达到易改变的水平。在质量设计过程中,设计人员应根据行业规范、用户需求和经验选择某些因素作为信号因素,不能任意选择。

4）误差因素

误差因素是指除控制因素、标示因素和信号因素以外,难以控制、不可能控制或控制代价较高,并且对产品质量有干扰的其他因素。误差因素通常是引起产品质量波动的主导因素,因此又称质量波动源、噪声因素、质量干扰因素、不可控因素。

根据误差因素对产品质量特性产生波动的原因,大致可将误差因素分为三种类型。

(1)外部干扰因素:产品在使用过程中,由于环境因素和使用条件发生变化而影响产品质量稳定性的干扰因素。

(2)内部干扰因素:产品在存放和使用过程中,其组成部分随时间的推移而发生老化、磨损、腐蚀、蠕变、失效等现象,从而影响产品正常发挥功能的质量干扰因素。

(3)随机干扰因素:在同一设计制造条件下,因操作人员、材料、机器设备、环境等方面的波动而使产品质量特性值发生波动的干扰因素。这种干扰因素具有随机性,因此称为随机干扰因素。

这三种质量干扰因素引起的产品质量特性值波动越小,产品质量就越稳定,产品质量也就越好。在产品的设计质量和制造质量控制过程中,对这三种质量干扰因素与设计、制造质量控制的关系如表 1-1 所示。

表 1-1　质量干扰因素与设计、制造质量控制的关系

质 量 控 制	干扰		
	外部干扰	内部干扰	随机干扰
设计质量控制	可行、有效	可行、有效	可行、有效
制造质量控制	无效	无效	可行、有效

一般来说,产品的质量波动是客观存在的,不可能完全消除。通过设计质量和制造质量的控制,可以减小其波动幅度。合格产品是指质量波动在允许范围内的产品,不合格产品是指质量波动超出允许范围的产品。由表 1-1 可知,设计质量控制可以有效地控制外部干扰、内部干扰和随机干扰引起的质量波动,而制造过程中的质量控制只能控制随机干扰引起的质量波动。所以,设计质量控制对产品的质量起着重要作用。

1.4　产品质量控制需求

上一节探讨了影响产品质量的各种因素及其分类。这些因素是影响最终产品制造质量的关键变量,而理解它们的作用和相互关系对于有效实施质量控制至关重要。随着对这些影响因素分析的深入,可以识别出制造过程中可能出现的质量问题及其根源。由此可以制定针对性的制造质量控制需求,确保每个环节都能实现严格监控和管理,从而提高产品的整体质量。接下来将具体探讨如何针对这些影响因素采取有效的制造质量控制措施,以实现高标准的产品质量。

1.4.1　设计质量控制需求

设计质量控制就是按照规定程序和规范,控制和协调各阶段的设计工作,以保证产品的设计质量,及时以最小的成本完成设计工作。因此,设计质量控制就是对设计过程的工作质量进行控制。设计过程分为设计策划过程、设计输入过程、设计输出过程、设计评审过程、设计验证过程、设计确认过程、设计更改过程、设计状态管理过程。设计质量控制是指相应地对每个设计子过程进行质量控制。为了对产品的设计质量进行控制,设计过程中应遵循以下设计质量控制原则。

1) 需求原则

设计过程中最基本的出发点是满足客观需求,即满足用户或市场的需求。通过市场调研了解市场信息,确定产品的需求,不能凭主观臆断推测市场需求,这是确保设计成功的关键因素。设计过程中应注意区分显性需求和隐性需求,并从动态的角度观察市场需求,适时地进行产品的升级换代,以适应市场的需求。

2) 信息原则

在设计质量控制过程中,应注意信息的收集和交流,包括市场信息、科学技术

信息、测试信息、评审信息和制造工艺信息等。为了保证设计质量,设计人员必须全面、充分、正确、可靠地掌握这些与设计相关的信息。

3) 系统原则

所有设计对象都可看作一个待定的技术系统。系统的输入包括物质流、能量流和信息流,输出满足特定要求的功能。因此,设计质量控制中将设计问题视为功能结构系统,引入系统论的方法解决设计中的问题。

4) 继承原则

科学技术发展的规律表明,任何新技术、新工艺都是在原有技术和工艺的基础上做出的重大创新或局部革新。因此,在设计过程中,为降低产品成本,缩短产品设计研发周期,应继承原有技术中比较先进、合理的部分,舍弃其中落后的部分,开发出具有创新性的产品,加快新产品的更新换代。

5) 效益原则

产品成本的 $70\%\sim80\%$ 取决于产品的设计过程,产品的制造成本、使用成本和报废成本等在设计过程中就已基本确定。因此,设计应讲求效益,包括技术经济效益和社会效益。设计质量控制中,应将设计过程管理与预期效益紧密联系起来,同时兼顾社会效益与生产制造过程中的经济效益。

6) 简化原则

为了降低成本、确保产品质量、提高产品可靠性,设计应在确保产品功能的前提下遵循简化原则。

7) 定量原则

随着计算机软硬件技术的迅速发展和广泛运用,信息的分析和处理变得更加可行,促使各领域都朝着科学定量评价的方向发展。因此,在设计过程中,除对技术参数进行明确定量外,还应尽可能对其他方面进行定量评价,以便对产品的技术与经济性进行辩证、统一的评估,从而实现设计管理的科学化。

8) 时间原则

随着市场竞争的全球化,竞争变得越发激烈,领先推出新产品意味着率先获得利润。因此,新产品的推出对于提升企业的竞争力至关重要。这就要求在设计开发产品阶段充分评估市场的变化,确保设计出的产品满足市场需求。

9) 合法原则

设计活动必须遵循国家的法律、法规、政策及标准等。设计过程中可能涉及许多法律、法规,还可能涉及相关的国家政策和标准化问题。因此,设计人员应熟悉相关法律、法规、政策、标准,以提高设计质量,避免出现法律纠纷。

10) 审核原则

设计过程类似生产制造过程,它是一种信息的加工、分析、处理、判断、决策和修正过程。为了有效控制设计质量,必须对每个设计程序进行审核或评审,以免错误设计信息转入下一个设计程序。建立严格的审核制度是确保设计质量的重要措施。

1.4.2　制造质量控制需求

"产品的质量首先是设计出来的"，这一观点已在世界范围内得到普遍认可。但即使产品设计质量再高，如果没有稳定的制造过程做保障，产品的优质设计也无法得到体现。因此，为了得到高质量的产品，必须重视产品在制造过程中的质量保证能力。

目前，产品制造过程的质量控制途径主要包括以下三种。

（1）从管理方面入手，如通过文明生产、均衡生产、严格规章制度、完善质量控制计划、QC小组活动、现场管理等全面质量管理方式进行。

（2）从工序质量控制方面入手，如借助各种统计质量控制工具，进行工序能力的分析、评价和提高，使整个过程处于受控状态，从而达到控制工序质量的目的。

（3）从设备的自动检测与控制方面入手，如通过对制造过程中的质量数据进行自动采集和反馈控制，达到保证或提高产品质量的目的。

其中，第三种是现代企业在生产制造过程中提高产品质量最直接、有效的方法。

制造过程质量自动检测与控制也称在线检测与控制。狭义地讲，就是在生产线上加入某个环节，以便对制造过程中的某些关键参数或工况进行在线或离线检测，并根据检测的结果自动调节和控制制造过程，从而使其稳定地生产质量合格的产品。例如，在外圆磨床上加入外圆直径自动测量仪，就可以在磨削加工时，随时检测工件的外圆尺寸，并将检测到的信息反馈给控制装置，以自动控制磨削工艺过程；在钢带的热轧生产过程中，可以在钢带的热轧机组上加入一套自动测量控制系统，以自动控制钢带的厚度、宽度及表面质量。

1.5　制造质量控制的基本原理和方法

在制造业中，质量控制是确保产品质量的关键环节。它涉及一系列的原理和方法，旨在确保产品在生产过程中达到预定的质量标准。

1.5.1　制造质量控制的基本原理

制造质量控制的基本原理是通过监控和调整生产过程中的各环节，以确保产品的质量达到规定的标准。包括从原材料的采购、生产工艺的控制、设备的维护、操作工人的技术水平等多方面保证产品质量。其基本原理基于以下几个重要观点。

（1）质量是可衡量的：质量可以通过特定的指标和测量方法进行衡量和评估。这些指标可以是尺寸、硬度、强度等，也可以是外观、性能等方面的指标。

（2）质量是可控制的：通过采取适当的控制措施，可以在生产过程中实现质量的稳定控制，从而提高产品的一致性和稳定性。

（3）质量是可改进的：通过不断改进生产过程、生产工艺和设备，可以提高产品的质量水平，降低不良品率，提高生产效率和竞争力。

制造质量控制的核心在于预防性控制，即在生产过程中及时发现问题并予以解决，避免产生质量问题。以下是一些关键原理。

（1）持续改进：制造质量控制的核心思想是不断改进产品和流程，以确保产品质量符合标准。通过持续的监控、评估和改进，不断提高产品质量和生产效率。

（2）预防控制：预防控制是一种重要的原则，强调在问题出现之前采取措施，预防质量问题。包括实施标准化的工艺流程、培训员工、使用高质量的原材料等。

（3）过程控制：过程控制是指通过监测和调整生产过程中的各环节，确保产品的一致性和稳定性。包括数据收集、分析和反馈，以便及时发现和解决问题。

（4）统计方法：统计方法在制造质量控制中发挥着重要作用，有助于分析数据、识别变化和趋势，并支持决策制定。常用的统计方法包括控制图、假设检验和方差分析等。

（5）标准化：制定和遵守标准是确保产品质量的关键。制造企业应建立标准操作程序并确保员工遵守，以确保产品符合质量要求。

（6）持续培训：员工是制造质量控制的关键因素，需要具备足够的技能和知识以执行质量控制任务。因此，持续培训对于确保产品质量至关重要。

1.5.2　制造质量控制的基本方法

制造质量控制是指确保产品达到预期质量标准的一系列方法和流程。其基本方法包括质量规划和策划、质量检测和测试、质量改进和持续监控。

质量规划和策划是制造质量控制的关键环节，它涉及确定产品质量标准、制订质量控制计划及制定质量目标。在质量规划和策划阶段，制造商要对产品的关键特性进行分析和评估，确定合理的质量标准，并制定相应的规范和流程。通过合理的质量规划和策划，制造商能够在产品开发和制造过程中预先识别和解决潜在的质量问题，从而确保产品质量。

质量检测和测试是制造质量控制的核心环节，它涉及对产品进行定量和定性的检测和测试，以评估产品的质量水平。在质量检测和测试阶段，制造商需要采用适当的检测手段和工具，对产品的关键特性进行检测和测试，以确保产品达到预期的质量标准。同时，制造商还要选用合理的测试方法和标准，确保测试结果的准确性和可靠性。通过质量检测和测试，制造商能够发现产品的质量问题，及时采取措施进行修正和改进，以提高产品的质量水平。

质量改进和持续监控是制造质量控制的关键环节，它涉及对产品制造过程的持续监控和改进。在质量改进和持续监控阶段，制造商需要建立有效的质量管理体系,制定质量改进目标和计划,并进行质量绩效评估。制造商还要持续收集和分析质量数据,及时发现问题和风险,并采取措施进行改进和优化。通过质量改进和持续监控,制造商能够实现产品质量的持续提升,提高客户满意度,增强市场竞争力。

1.5.3　制造质量在线检测与控制

制造过程中质量在线检测与控制是制造质量控制的重要环节,它利用先进的自动化技术和设备,在生产过程中对产品进行实时监测和控制,从而提高产品的一致性和稳定性,减少人为因素对产品质量的影响。具有以下优点和作用。

(1) 实时性:在线检测与控制可以实时对产品进行检测和控制,及时发现和纠正生产过程中的质量问题,避免不良产品的产生。

(2) 高效性:在线检测与控制可以提高生产效率和生产线的吞吐量,减少人力资源的投入,提高生产效益。

(3) 精确性:在线检测与控制可以减少人为因素对质量的影响,提高检测和控制的精确性和一致性。

(4) 数据采集和分析:在线检测与控制可以实时采集和分析生产过程中的数据,为质量改进提供可靠的数据支持,同时为质量管理决策提供参考依据。

制造过程质量在线检测与控制可大大提高生产效率,降低人员劳动强度,在现代工业生产中具有非常重要的意义。主要体现在以下几个方面。

(1) 制造过程质量自动控制能使产品符合设计规范。使制造出来的产品符合设计规范是制造过程质量自动控制的主要目的。现代制造过程质量控制系统除采用传统控制手段外,还强调通过制造过程的在线检测和反馈控制技术确保产品质量达到设计规范要求。

(2) 制造过程质量自动控制能减少人为因素的干扰。在传统质量控制方式下,产品质量往往受到人为因素的影响,使产品质量保证的可靠性下降。采用自动化程度更高的质量控制技术,可以有效排除人为因素的干扰,提高产品质量保证的可靠性。

(3) 制造过程质量自动控制具有更好的经济性。传统的工序质量控制方法主要是以数理统计理论为基础建立的,具有一定的滞后性,加之受管理水平和人员素质的影响,经常造成较大的废次品损失。而以在线检测和反馈控制技术为基础建立的具有在线检测与控制功能的质量控制系统具有较强的实时性,这种系统依赖工艺系统本身保证制造质量,因此具有可靠性高、废次品少等特点,可提高产品质量保证的经济性。

(4) 制造过程质量自动控制更适用于单件小批量生产。随着产品"个性化"需求的日益趋显,多品种、小批量生产已成为制造企业的主导生产模式。由于生产批量往往达不到统计技术所需的最低样本数,传统的统计工序质量控制方法的应用范围受到限制。在这种情况下,产品质量的一次成功就变得极为重要。为实现这一目标,必须在工艺装备和工艺方法等方面进行改进,而采用在线检测和反馈控制技术,可经济地实现这一目标。

(5) 制造过程质量自动控制更适用于自动化程度很高的流程型生产。一般情况下,流程型生产过程的自动化程度越高,越需要实时性很高的在线检测技术和实时反馈控制技术。

1.6　小结

(1) ISO 对质量的定义为:一个关注质量的组织倡导一种文化,其结果导致其行为、态度、活动和过程,它们通过满足顾客和其他有关的相关方的需求和期望创造价值。

(2) 质量管理是企业为保证和提高产品与服务质量而开展的各项管理活动的总称。可划分为产品质量检验阶段、统计质量控制阶段、全面质量管理阶段和标准质量管理阶段。

(3) 不同质量因素对产品质量的影响程度各不相同,从设计制造的观点看,质量因素可分为控制因素、标示因素、信号因素和误差因素。

(4) 在制造质量控制方面,没有稳定的制造过程支撑,无法保证最终产品质量。制造过程质量控制需求主要包括从管理、工序、设备等多方面入手,确保产品制造过程处于受控状态,以达到控制产品质量的目的。其中,制造过程质量在线检测与控制是现代企业生产制造过程中最直接、有效的方法。

复习思考题

1. 质量的含义是什么?
2. 质量管理的主要内容是什么?
3. 简述质量管理的发展过程。
4. 根据产品质量变异的来源简述其主要分类。
5. 根据产品质量变异的原因简述其主要分类。
6. 在产品设计和制造过程中对产品质量控制的需求有哪些?

第2章

制造质量控制数据特点

上一章结尾阐述了制造质量控制最直接、有效的方法——制造过程质量在线检测与控制,其涵盖从管理到工序再到设备的全方位控制,通过在线检测和反馈控制技术实现产品质量符合设计规范、减少人为因素干扰、提高经济效益等目标。特别适用于现阶段智能制造主要面向对象的特征:多品种、小批量、定制化和自动化与智能化程度高的流程型生产。在这样的背景下,制造质量控制的关键在于建立有效的在线检测与控制系统,以确保产品质量达到设计标准,提高生产效率和经济效益。而制造质量控制数据是实施有效质量管理的基础,它可提供客观、可量化的信息,能够评估、监控和改进生产过程。从制造质量控制到制造质量控制数据,其实质是从理论转向实践,从概念转向应用。制造质量控制数据是将制造质量控制理念付诸实践的重要工具,它连接制造质量目标与实际生产情况,为决策提供依据。

2.1 数据收集方法

数据是描述企业经营管理状况、设备及工装使用状况、产品质量特征的语言,也是如今智能制造阶段制造行业质量控制与管理的基础。通过收集数据,可以发现影响产品质量的因素,进而进行原因分析并采取相应措施,从而达到改善管理,保证和提高产品质量,提高企业经济效益的目的。测量数据是通过实际测量和检测产品或过程的性能、特征等获取的数据,例如使用工具、设备进行测量和检测。而统计数据是通过对一定数量的样本进行统计分析获取的数据,用于评估整体质量水平和过程稳定性。综合使用这两种数据收集方法可以全面地评估产品或过程的质量,以进行质量控制和改进。

2.1.1 测量数据

无论是在工厂、车间还是生产班组,都会产生各种各样的数据。这些数据中,有的是可以测量出来的,如直径、质量、温度、时间等;有的是可以直接数出来的,如铸件气孔数、喷漆件的色斑数、电镀件的斑点数、废品件数等;有的既不能测量也不能直接数出来,如轻工产品的色、香、味,以及机械产品的外观质量等,但可以通过评分的办法评定。尽管质量数据形形色色,多种多样,但按其性质和使用目的可分为两大类,即计量值数据和计数值数据。

1) 计量值数据

计量值数据是可以连续取值的数据,通常是用量具、仪器测量而得到的,如长度、温度、质量、时间、压力、化学成分等。长度在 $1\sim2mm$,就可以连续测出 $1.1mm$、$1.2mm$、$1.3mm$ 等数值;而在 $1.1\sim1.2mm$,还可以进一步连续测出 $1.11mm$、$1.12mm$、$1.13mm$ 等数值。

2) 计数值数据

计数值数据是不能连续取值,而只能以个数计算的数据。这类数据一般无须量仪测量就可以"数"出来,它具有离散性,如不合格品数、铸件砂眼数、气孔数等。

计数值数据可以细分为计件值数据和计点值数据。计件值数据指按件计数的数据,如不合格品件数等;计点值数据指按点计数的数据,如疵点数、单位缺陷数等。

计量值数据与计数值数据的划分并非绝对的。例如,轴的直径用量仪检查时得到的质量特性值的数据是计量值数据;而用通止量规(即通规和止规)检查时,得到的就是以件数表示产品质量的计数值数据。

计数值为离散性数据,虽以整数值表示,但它不是划分计数值数据与计量值数据的尺度。计量值是具有连续性的数据,往往表现为非整数,但也不能由此得出只要是非整数值就一定是计量值数据的结论。例如,某产品的不合格品率 3.25% 是一个非整数,但此数据并非用量仪取得的结果,也不具备连续性,而是通过计算不合格品率 $[(不合格品数/产品总数)\times100\%]$ 得到的。它是体现计数值的相对数性质的数据。

对于上述相对数,判断其是计数值数据还是计量值数据,通常依据下述原则:由分子的数据性质决定,如果分子数据性质为计数值,则其分数值为计数值;如果分子数据性质为计量值,则其分数值为计量值。

2.1.2　统计数据

统计数据是制造质量控制中至关重要的因素,可以理解数据的整体趋势和规律。在数据收集过程中,针对总体进行统计分析,以获取总体的特征和规律。同时,为节省时间和资源,也可以选择从总体中抽取一部分样本数据进行统计分析,以表征总体的情况。通过对样本数据的分析推断总体的特征,从而制定相应的质量控制措施。当讨论统计数据时,需要了解两个重要的概念:总体和样本。

1. 总体

"总体"一词是统计学中常用的术语。一批产品、一台设备或某段时间内生产的同类产品的全体等,都可以叫作一个总体。例如,某灯泡厂 3 月生产的全部灯泡,某纺织厂生产的布匹,一道工序加工后的半成品,制造产品的原材料等,都能成为一个总体。

构成总体的基本单位,叫作个体。这个基本单位又可以叫作单位产品。单位产品有时可以很自然地划分出来,如果总体是一批电灯泡,那么其中的每只灯泡都可以看作一个个体。有些单位产品却不能自然地进行划分。例如,把一匹布作为一批产品,即叫作一个总体,那么这个总体的每个个体可以是 1m 布、10m 布或 20m 布,在这种情况下,个体的划分需要根据具体情况确定。

总体中的每个个体肯定要与某一个(组)数值相对应。这个(组)数值就是每个个体的质量表征,如电阻元件与阻值、电灯泡与其使用寿命、1m 棉布与其上的疵点数等。由于这个数的具体取值因个体的不同而异,所以通常称其为随机变量,记作 X。

综上所述,总体是问题涉及的全体对象,是随机变量 X 的全部取值,也可以说,总体就是随机变量 X。

2. 样本

从一批产品中抽取一部分进行检验,被抽取的这部分单位产品的全体,就叫作一个样本。换句话说,样本就是从总体中抽取的一部分个体的全体。

例如,要了解即将出厂的一批螺钉的长度是否合格,现从中抽取 n 个个体 $X_1, X_2, \cdots, X_n$,则称 $\{X_1, X_2, \cdots, X_n\}$ 为总体的一个样本。这里的 n 通常称为样本容量或样本大小,其中 $X_1, X_2, \cdots, X_n$ 分别表示 n 个螺钉的长度。n 个螺钉被抽取后,客观上就有 n 个长度与其对应。如果长度未被测定,则都用随机变量表示,待具体测定它们的长度后,将所得测定值记作 $\{x_1, x_2, \cdots, x_n\}$,称它们为样本值。

样本中的每一个个体叫作一个样品。今后,如果抽取了样本大小为 n 的一个样本,实际上就是抽取了 n 个样品,即抽取了 n 个单位产品。如果在有限总体中,包含个体的总数为 N,则常称 N 为总体的批量。

2.2　数据分布

样本指的是从大量数据源中抽取的一定数量的数据。总体指的是所有数据的集合,是样本的来源。人们通过样本计算样本统计量,例如均值、方差、标准差等。样本统计量是利用样本值计算得到用于预测总体的参数,一般情况下,抽样要求满足随机性,即每个观测值被抽到的概率相同。

  概率分布函数是一种反映特定的观测值在总体中出现概率的数学表达式,这些概率组合起来就叫概率分布,概率分布的均值(μ)通常被称为期望值。表 2-1 给出了常见的概率分布,概率分布包括以下两种形式。

  1) 连续型(适用于变量数据)。当特征值能取区间内的任意值时(受到过程测量精度的影响),其概率分布就是连续型概率分布。

  2) 离散型(适用于属性数据)。当特征值仅能取区间内的特定值时(例如整数 0,1,2,3),其概率分布就是离散型概率分布。

表 2-1 常用的概率分布

名称	概率函数曲线	概率函数	应用说明
正态分布		$y = \dfrac{1}{\sigma\sqrt{2\pi}} e^{-(X-\mu)^2/2\sigma^2}$ $\mu =$ 均值 $\sigma =$ 标准差	当数据集中在均值周围,且大于均值和小于均值的概率均相同的时候,一般采用正态分布
指数分布		$y = \dfrac{1}{\mu} e^{-X/\mu}$	当观测值中,小于均值的概率更大的时候,一般采用指数分布
威布尔分布		$y = \alpha\beta(X-\gamma)^{\beta-1} e^{-\alpha(X-\gamma)^\beta}$ α 为比例参数 β 为形状参数 γ 为位置参数	适用于描述多种变化模式
泊松分布		$y = \dfrac{(np)^r e^{-np}}{r!}$ n 为试验次数 p 为该事件的发生概率 r 为该事件的发生次数	适用于描述单位时间或空间内事件的发生概率

续表

名称	概率函数曲线	概率函数	应用说明
二项分布		$y=\dfrac{n!}{r!\,(n-r)!}p^{r}q^{n-r}$ $q=1-p$ n 为试验次数 p 为该事件的发生概率 r 为该事件的发生次数	适用于描述发生概率不变时，n 次试验中事件发生 r 次的概率

2.2.1　正态概率分布

实践中，许多关于质量的特征值都近似服从正态密度函数：

$$y=\frac{1}{\sigma\sqrt{2\pi}}e^{-(X-\mu)^{2}/2\sigma^{2}}$$

式中，e＝2.7183(近似)，π＝3.1416(近似)，μ 为总体均值，σ 为总体标准差。

只要已知总体均值 μ 和总体标准差 σ，就可通过查表的方式求得各点的概率密度。正态分布的曲线与频数分布及其直方图相关，当样本量较大，组间距较小时，直方图就近似平滑的曲线。如果通过数据测量证明总体服从正态分布直方图将接近如图 2-4 所示的正态分布概率函数曲线。因此样本数据的直方图形状可为总体的概率分布提供一些信息。

正态分布有极其广泛的应用背景，在工件加工过程中，当工件不存在明显的变值系统误差时，加工后零件的尺寸是近似服从正态分布的，例如用试切法加工轴颈或孔时，孔径的尺寸就服从正态分布。

实际中只需要两个估计值和正态分布表就可以进行预测。这两个估计值分别为均值 μ 的估计值 $\overline{X}$ 和标准差 σ 的估计值 S。样本均值 $\overline{X}$ 和样本标准差 S 可用前面介绍的方法计算得到。

例如，根据经验，生产商已知某种型号灯泡的寿命服从正态分布。抽取 50 个灯泡进行检测，发现其平均寿命为 60 天，标准差为 20 天。那么总体中有多少灯泡的寿命可以超过 100 天？

这个问题就是确定概率分布曲线下方超过 100 天的区域大小(图 2-1)。分布曲线下方两条规定界限之间区域的面积表示两条界限之间某事件发生的概率，因此，图 2-1 中阴影部分的面积代表灯泡寿命超过 100 天的概率。为了确定这个区域，需要计算标准值 Z。每组特定的均值和标准差定义了唯一的正态曲线，但是这些曲线之间存在简单的数学关系。每组数据都可以通过以下方式进行标准化：

$$Z=\frac{X-\mu}{\sigma}$$

式中,Z 统计量的均值为 0,标准差为 1,也称为标准正态分布,可以通过查表的方式确定所需的概率。

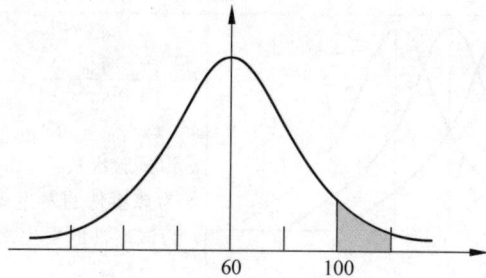

图 2-1 灯泡寿命的分布曲线

在本节的问题中,$Z=(100-60)/20=2.0$。通过查正态分布表可知,当 $Z=2.0$ 时,相应的概率为 0.9773。统计分布表上所查的概率是从 $-\infty$ 到 Z 之间的累计概率。因此,本例中 0.9773 是灯泡寿命小于或等于 100 天的概率。正态分布曲线关于均值对称,并且区域总和为 1.0000。所以灯泡寿命超过 100 天的概率为 1.0000-0.9773,即 0.0227,也可写作总体中有 2.27% 的灯泡寿命可以超过 100 天。

同样,如果可以确定特征值服从正态分布,并且可得总体均值和标准差的估计值,上述方法也可用于预测总体落入特定规格界限内的百分比。

图 2-2 展示了正态分布曲线的区域划分。可以看出,样本落在均值左右 ± 1 个标准差区域内的概率为 68.26%,落在 ± 2 个标准差区域内的概率为 95.46%,落在 ± 3 个标准差区域内的概率为 99.73%。

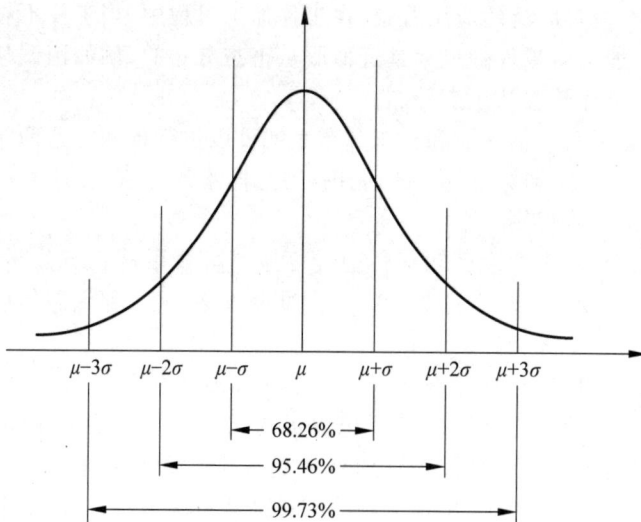

图 2-2 正态分布曲线的区域划分

2.2.2　指数概率分布

指数概率分布函数为

$$y = \frac{1}{\mu} e^{-X/\mu} \ (X > 0)$$

表 2-1 给出了指数分布曲线的形状。可以看出,指数分布和正态分布的形状具有明显的区别。正态分布中大于均值和小于均值的概率均为 50%。指数分布中,大于均值的概率为 36.8%,小于均值的概率则为 63.2%。这与我们直观上认为的均值两侧概率都是 50% 相悖。

指数分布也有着广泛的应用背景,例如在电子元器件的可靠性研究中,通常用于描述发生的缺陷数或系统故障数的测量结果。这种分布表现为均值越小,分布偏斜越严重。复杂设备的故障时间通常情况下都用指数分布描述,在日本的工业标准和美国军用标准中,半导体器件的抽验方案都采用指数分布。

指数分布具有一个有趣的性质,就是其均值和标准差相等。这就意味着用指数分布进行预测时,仅需对总体均值进行估计即可。

2.2.3　威布尔概率分布

威布尔分布是一个分布族,其一般分布函数形式为

$$y = \alpha\beta(X - \gamma)^{\beta-1} e^{-\alpha(X-\gamma)^{\beta}} \ (X > 0)$$

式中,α——比例参数,β——形状参数,γ——位置参数。

随着参数的变化,威布尔分布的形状也会变化,其中最关键的影响参数是形状参数 β。当 $\beta = 1.0$ 时,威布尔分布转化为指数分布;当 $\beta = 3.5(\alpha = 1, \gamma = 0)$ 时,威布尔分布与正态分布近似;而实践中,β 的取值范围常为 $1/3 \sim 5$。比例参数 α 主要影响威布尔分布的峰度,随着 α 的增大,分布曲线变得更加平坦。位置参数 γ 是 X 可能的最小值,为简化公式,该值通常取 0。通常情况下不需要对这些参数进行估计,可以通过查询威布尔概率文献进行预测。

威布尔分布在可靠性工程中被广泛应用,主要体现在其适用于描述机电类产品磨损累积失效的分布形式。在寿命试验数据处理中,威布尔分布能够轻松推断出分布参数的概率值,因而备受青睐。这使它成为处理各类寿命试验数据的常用工具。

威布尔分布涵盖多种分布的形状,这一特性使威布尔分布在实际应用中备受欢迎。通过威布尔分布能够确定哪种常用分布(例如,正态分布或者指数分布)最适合解决特定问题。常用软件如 Excel、Minitab 等都可用于威布尔分析。

绘制一个有效的威布尔图,至少需要 7 个样本数据。由于样本量相对较小,样本的变异性显著,因此有必要提供相应的置信区间。在使用较少的样本进行数据分析时,其可信度经常受到质疑。在实际应用中,可以采用 A-D(Anderson-Darling)

统计量评估数据集实际分布与给定分布的接近程度。如果 P 值小于 0.05，表示拟合的分布效果很差。此时可能需要采用其他拟合分布，或检测数据集中是否存在奇异值。

正态分布、指数分布、威布尔分布及其他概率函数都可用于描述寿命数据。其他连续分布包括均匀分布（简单来讲，所有值出现的概率相同）、对数正态分布（原数据的对数服从正态分布），以及多维正态分布（例如，某产品有两个测量参数都服从正态分布，就是二元正态分布）。

2.2.4　泊松概率分布

泊松分布的基本含义是表示某事件在一定时间或空间内发生特定次数的概率。例如，如果某事件发生的概率为常数 P，那么在 n 次独立重复试验中，该事件发生 r 次的概率为

$$\frac{(np)^r \mathrm{e}^{-np}}{r!}$$

式中，n——试验次数，p——该事件的发生概率，r——该事件的发生次数。

泊松分布适用于描述单位时间（或空间）内随机事件发生的次数，所以被广泛用于预测产品的单位缺陷数，例如一些复杂电子元器件产品出现的缺陷数。

泊松概率分布表中给出了泊松分布的累计概率分布，例如，发生概率为 P 的情况下，n 次重复试验中该事件发生的次数不大于 r 次的概率。假设某供应商的历史不合格品率为 2%，某批量产品包含 300 件产品，从中抽取 40 件产品。泊松概率分布表提供了 n 次试验中事件发生次数不大于 r 的概率。输入 $np = 40 \times 0.02 = 0.8$，表 2-2 给出了不同 r 值对应的结果。

表 2-2　泊松概率分布表

r	在每个样本中期望是 0.8 的情况下，小于或等于 r 的概率
0	0.449
1	0.809
2	0.935
3	0.991
4	0.999
5	1.000

本例是泊松分布的典型应用。即当样本量大于 16，总体的数据量是样本量的至少 10 倍，单次事件的发生概率小于 0.1 时，即 n 很大、p 很小的情况下，实际应用中通常采用泊松分布。

2.2.5　二项分布

若某事件不满足泊松分布的适用条件，则可采用二项分布描述数据集的分布。

即某事件发生的概率为常数 p，那么在 n 次独立重复试验中该事件发生 r 次的概率为

$$\frac{n!}{r!(n-r)!}p^r q^{n-r}$$

式中，$q=1-p$。

实践中，如果满足"总体的数据量至少是样本数量的 10 倍，那么事件发生概率为常数"这一假设，则可以用二项分布对产品的不合格数进行预测。

根据历史数据，某供应商提供的产品不合格品率为 5%，现有该供应商提供的某批次产品，产品批量为 100 件。从中随机抽取 6 件产品，表 2-3 给出了不同的结果。

表 2-3   二项分布概率

r	$P(6 \text{ 件产品中不合格品的概率})=\dfrac{6!}{r!(6-r)!}(0.05)^r(0.95)^{6-r}$
0	0.7351
1	0.2321
2	0.0306
3	0.0021
4	0.0001
5	0.000
6	0.000

其他离散分布包括超几何分布（如果不满足泊松分布和二项分布，通常采用该分布）、离散均匀分布（所有数据出现的概率相同），以及多项分布（当一个样本包含两个或多个参数时采用）。

2.3   质量特征值

质量数据特征值是根据样本数据计算的描述样本质量数据波动规律的指标。统计分析就是根据这些样本数据特征值对总体的质量状况进行分析与判断。常用的描述数据分布集中趋势的特征值包括算术平均值、众数和中位数，以及描述数据分布离散趋势的标准偏差、极差和离散系数等。

2.3.1   数据分布集中趋势的特征数

数据分布的集中趋势是指一组数据向某一中心值靠拢的倾向，测评数据分布的集中趋势就是找数据的中心值。

1. 算术平均值 $\overline{X}$

算术平均值又称均值,它是各质量数据的总和除以数据总频数(个数)所得的商。它是一个消除了个体之间差异,显示所有个体共性和数据一般水平的统计指标,是数据的分布中心,具有良好的数据代表性。这种均值包括两种:简单均值和加权均值。

1) 简单均值

$$\overline{X} = \frac{1}{n}(X_1 + X_2 + X_3 + \cdots + X_n) = \frac{1}{n}\sum_{i=1}^{n} X_i$$

这是最常用的,它根据未经分组整理的数据进行计算。

2) 加权均值

$$\overline{X} = \frac{X_1 F_1 + X_2 F_2 + X_3 F_3 + \cdots + X_n F_k}{F_1 + F_2 + F_3 + \cdots + F_k} = \frac{\sum_{i=1}^{k} X_i F_i}{\sum_{i=1}^{k} F_i}$$

式中,F_i 是权。例如在做频数直方图时要将数据分组,每组中的频数就是权值 F_i,如第 5 组的频数是 6,则 $F_5 = 6$,X_5 是第 5 组的组中值。

$\overline{X}$ 是统计方法中很重要的一个数,它是一组数据的中心所在,具有如下特点。

(1) 各变量 X_i 与($X_i - \overline{X}$)之和等于零。

$$\sum_{i=1}^{n}(X_i - \overline{X}) = 0$$

在质量检验中,测量误差是不可避免的,根据均值的这一特点,可以多测量几次后取算术平均值,则可以使偶然误差相互抵消。

$X_i - \overline{X}$ 称为残余误差,它的物理意义是 $\overline{X}$ 相对于被测量的真值。X_i 是测量结果的数值,$X_i - \overline{X}$ 是考察测量结果与真值的接近程度,如果 $X_i - \overline{X} = 0$,说明测量误差为零,$X_i - \overline{X}$ 越小说明这组数越趋于中心值 $\overline{X}$。

(2) 各变量 X_i 与其均值 $\overline{X}$ 之差的平方和最小。

$$\sum_{i=1}^{n}(X_i - \overline{X})^2 = 最小值$$

2. 众数 M_0

密度函数或概率函数达到极大值的数称为众数。通俗地说,在一组数中出现次数最多的那个数,叫作众数。

众数的缺点是不唯一,一组数可能没有众数,也可能有两个或多个众数。

3. 中位数 M_e

随机变量或其概率分布的 0.5 分位数,称为中位数。中位数是将全部数据按大小顺序排列后,处于中央位置的那个数。中位数把全部数据分为两部分,一部分比它大,另一部分比它小。中位数是由数据的位置确定的,其大小不受极端数据的影响。因此,它是用位置表示数据集中趋势的统计值,不能反映大部分数据值的变化情况。

值得注意的是,由于中位数是由数据的位置确定的,因此,在计算中位数时,首先要确定中位数的位置,再根据位置找出中位数的值。

当数据项数为奇数时,中位数的值就是中点位置的数据值,即中位数的值就是位置为 $\frac{n+1}{2}$ 处的数。用公式表示为

$$m = X_{\frac{n+1}{2}}$$

当数据项数为偶数时,中位数的值则是取中点位置相邻两个数据的平均值。即中位数为位于 $\frac{n}{2}$ 和 $\frac{n}{2}+1$ 处的两个数据的平均值。用公式表示为

$$m = \frac{X_{\frac{n}{2}} + X_{\frac{n}{2}+1}}{2}$$

2.3.2　数据分布离散趋势的特征数

1. 标准偏差

标准偏差简称标准差或方差,是个体数据与其均值离差的平方和的算术平均数的算术根,是大于 0 的正数。总体的标准偏差用 σ 表示,样本的标准偏差用 S 表示。标准偏差越小,说明数据分布集中程度越高,离散程度越小,均值对总体(样本)的代表性越好。标准偏差的平方是方差,它有鲜明的数理统计特征,能确切反映数据分布的离散程度和波动规律,是最常用的反映数据变化程度的特征值。

总体的标准偏差(σ)的计算公式如下:

$$\sigma = \sqrt{\frac{1}{n} \sum_{i=1}^{n} (X_i - \overline{X})^2}$$

样本的标准偏差(S)的计算公式如下:

$$S = \sqrt{\frac{1}{n-1} \sum_{i=1}^{n} (X_i - \overline{X})^2}$$

2. 极差 R

样本中最大值 X_{max} 与最小值 X_{min} 之差,称为样本极差 R。

$$R = X_{max} - X_{min}$$

极差又称为全距,表示样本取值范围的大小,也反映总体取值集中与分散的程度,R 越小说明总体取值越集中。一般而言,标准偏差 S 越大,则 R 也越大;标准偏差 S 越小,则 R 也越小。极差在 $n \leqslant 30$ 的情况下使用效果更好,如果样本量 n 很大,由于极差主要关注极端值,中间的许多信息都会被忽略甚至丢弃,导致更多

的信息丢失。通常在测定个数 $n \leqslant 10$ 的场合,用极差 R 表示离散程度;而当 $n >$ 10 时,更倾向于用标准偏差 S 表示离散程度。

3. 离散系数 V

离散系数是用标准偏差除以算术平均值得到的相对数,用于比较不同总体或样本数据的离散程度。离散系数 V 越大,数据的离散程度越大;反之,数据的离散程度越小。

总体的离散系数 $V_\sigma = \dfrac{\sigma}{\overline{X}}$,样本的离散系数 $V_S = \dfrac{S}{\overline{X}}$。

2.4　质量控制检验方法

质量控制中,检验一般分为总体检验和抽样检验两种方式。

2.4.1　总体检验

总体检验是对全部产品逐个进行检验,从而判定每个产品合格与否。它又称为全面检验、100％检验,其处理对象是每个产品,这是一种沿用已久的检验方法。相对而言总体检验可以较好地保证产品质量,但检验成本较高。

1. 总体检验的适用场合

(1) 不合格产品会造成严重的不良后果。

(2) 条件允许,能容易地进行质量检验。

(3) 批量较少,且批量的大小与样本大小接近,没有必要进行抽样检验。

(4) 与检验费用相比,产品价值特别高。

2. 总体检验的缺点

(1) 有些产品的检验具有破坏性,如寿命、拉力等。

(2) 有些产品的产量很大,如电子元件、手表等。对它们进行总体检验会花费大量人力、物力,很不经济。

(3) 在数量多、速度快、时间长等条件下,总体检验容易发生错检和漏检情况。

(4) 从某种意义上说,总体检验是一种消极的检验方法。该方法主要通过剔除检验不合格的产品确保整体产品质量,但这并未激发生产者对产品质量的主动关切。相较之下,总体检验并未促使生产者在生产过程中积极关注和改进产品质量,更像一种事后修正的手段。

2.4.2　抽样检验

抽样检验是通过评估一批产品中的一部分以决定接收或拒收整个批次的过

程。这个过程包括对指定批次或者按批次顺序应用具体的抽样方案。

抽样的主要优势是经济性。尽管在设计和执行抽样计划时会产生一些成本，但只检查一批产品中的一部分，可有效降低整体成本。换句话说，抽样是一种可在资源有限的情况下对代表性样本进行检查，以便在更广泛范围内做出推断的经济、有效的方式。

必须强调的是，有些需求抽样检验是不能完全满足的，比如不能提供对批次质量的精确估计。同样，抽样检验不能提供被拒产品是否符合适用性的判断依据。

1. 抽样检验的适用场合

（1）具有破坏性的检验场合。

（2）产品数量很大，质量要求不是很高，如螺钉、销钉、垫圈等。

（3）测量对象是连续体，如煤、矿石、铁水、重油的化学成分等，不能进行总体检验，必须采取抽样检验。

（4）检验项目过多、周期长，进行总体检验有困难，采用抽样检验即可保证产品质量。

（5）希望节省检验成本的场合。

（6）督促供方提升产品质量的场合等。

2. 抽样检验的缺点

（1）合格批内包含的不合格产品数比总体检验多，即漏检风险较大。

（2）在判断批产品是否合格时，无法完全避免弃真（将合格批次判定为不合格）和存伪（将不合格批次判定为合格）的错误。这两种错误在任何抽样检验过程中都是不可避免的。因此，对于抽样检验，应注意以下几个问题。

① 抽样检验只能相对反映产品的质量，不能把样品的不合格率与整批产品的不合格率绝对等同起来。经抽样检验合格的产品批次只能保证其统计质量，不能保证整批产品 100% 合格，这是因为抽样检验存在一定的局限性，会产生一定的风险。

② 被判定为合格的批量产品，并不等于该批中的每个产品都合格；同样，经抽样检验被判定为不合格的批次，也不等于该批中的每个产品都不合格。

③ 并非任何抽样检验都能达到正确判断整批产品质量的目的。这里所指的抽样检验是建立在概率论和数理统计基础上的科学的抽样方法。

3. 抽样检验方案与随机抽样

抽样检验方案的选择除与生产的质量有密切关系外，还与生产单位质量检验部门的管理体制、检验费用、生产方式和质量指标等测量方式有关。抽样检验方案的种类很多，应根据不同要求选取适当的类型。

1）按数据的性质分类

（1）计数抽样检验：以不合格产品数或缺陷数作为判断依据。

（2）计量抽样检验：以计量值数据作为判断依据的抽样检验。

2）按实施方式分类

（1）标准型：标准型抽样检验是一种在抽样计划中明确规定供应方和购买方的质量保护和质量保证数值的检验方法，其特点在于能够同时满足供求双方的要求。这种抽样检验适用于对产品质量缺乏了解的情况，例如购入新单位的货物或偶尔在市场上购买货物时进行验收的场合。

（2）挑选型：对产品进行检测后，凡达到抽样方案判定基准的产品，予以接收；达不到判定基准的，进行挑选检验。这种抽样检验适用于不能选择供应单位的收货检验、工序间半成品检验和产品出厂检验。

（3）调整型：调整型抽样检验的特点在于根据供应单位提供货品的质量调整检验的宽严程度。这种检验方法通常包括放宽、正常和加严三种方案。一般会从正常检验开始，然后根据对数批货品的检验结果决定是否要放宽或加严检验标准。因此，通常供应商和购买方事前需要明确规定检验标准的转换条件。

（4）连续生产型：仅适用于检验连续不间断生产出来的产品，不要求检验对象形成批次。而对于成批次产品的检验，不能采用连续生产型抽样检验。

3）按抽样次数分类

按抽样次数可分为一次抽样检验、二次抽样检验、多次抽样检验。

（1）一次抽样检验：从交检批中只抽取一次样本的抽样方式。其操作原理示意图如图 2-3 所示。图中 n 为样本大小，d 为样本中测得的不合格品数，c 为合格判定数。

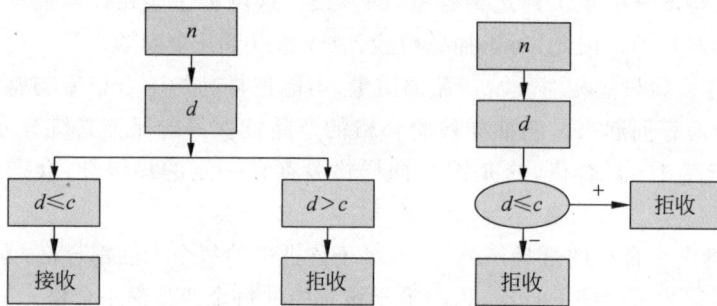

图 2-3　一次抽样操作原理示意图

一次抽样检验的优点如下。

① 方案的设计、培训与管理比较简单。

② 抽检量是常数。

③ 有关批质量的信息能最大限度地被利用。

一次抽样检验的缺点如下。

① 抽样量比其他类型大。

② 在心理上，仅依据一次抽样结果进行判断可能显得过于草率。换句话说，

单一样本的结果会造成不足以全面了解或准确描绘整体的错觉。

(2) 二次抽样检验：指最多从单批次中抽取两个样本,最终对该批判定做出接受与否的一种抽样方式。此类型需根据第一个样本提供的信息,决定是否抽取第二个样本,其示意图如图 2-4 所示。在二次抽样检验中,一般设定 $n_1=n_2$,这在理论上并非必要,但此时检验量最少。该类型具有平均抽样量少于一次抽样,在心理上易于接受的优点;但抽样量不定,管理稍复杂,且需进行一定的培训。图 2-4 中 A_{c1}、R_{c1}、A_{c2}、R_{c2} 是质量合格判定数。

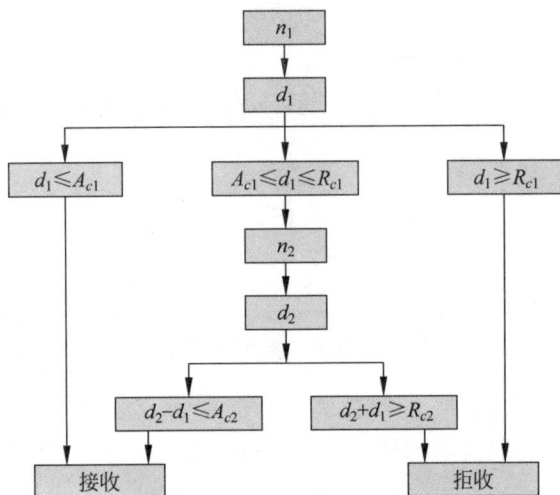

图 2-4 二次抽样操作原理示意图

(3) 多次抽样检验：多次抽样检验是一种允许抽取两个以上具有相同样本量的样本,最终才能对批次判定做出接受与否的一种抽样检验方式。因此,它可能依次抽取多达 k 个样本,是否抽取第 i 个$(i \leqslant k)$样本,取决于前$(i-1)$个样本提供的信息。多次抽样检验的平均抽样量少于一、二次抽样检验,且在心理上最为安全,但其操作更为复杂,需进行专门训练。多次抽样原理示意图如图 2-5 所示。

为了使样本对批次的质量检验具有代表性,必须采用正确的抽样方法,即随机抽样。

所谓随机抽样,是指每次抽取样本时,批中所有单位产品都具有同等被抽到的机会。最常用的随机抽样法包括以下几种。

(1) 简单随机抽样法。从批量为 N 的交验批中抽取大小为 n 的样本,如果批中每个单位产品被抽到的可能性都相等,则这样的抽样方法称为简单随机抽样,也称为单纯随机抽样。这种抽样方式又分为以下 3 种子类。

① 抽签法：举例说明此种方法的实施过程。

例：从批量 $N=1000$ 的产品批中,用简单随机抽样法抽取一个 $n=8$ 的样本。

首先对 1000 个产品进行编号,号码为 1～1000。制作签号为 1～1000 的标签

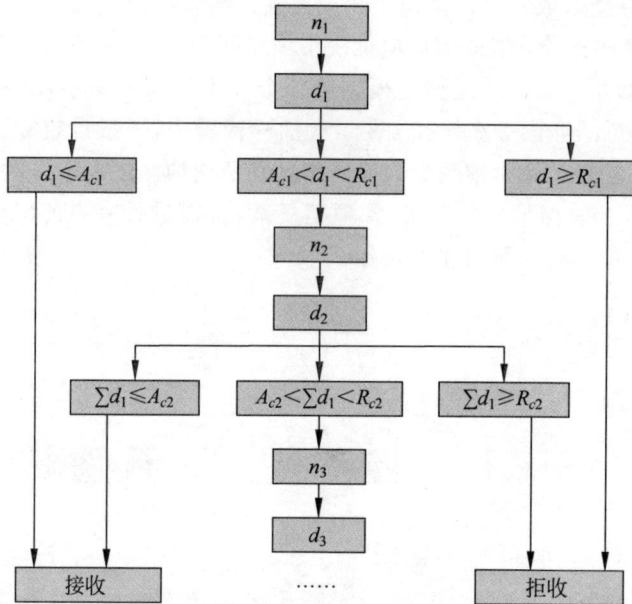

图 2-5　多次抽样操作原理示意图

并按随机方式混合,任意抽取 8 个签,得到 8 个签号。然后按抽得的签号从批中抽取对应编号的产品,即得所求的样本。当产品批量比较少时,也可用掷骰子法代替抽签法。

② 随机骰子法:将被抽取的一批产品事先编成号码,哪一种产品编号数与掷出骰子的点数相同,就意味着该产品被抽取。

③ 随机数表法:国际上通用的随机数表是将 0~9 的数字以相同被抽取的机会排成 1 位数、2 位数、3 位数等的数表。利用该表进行抽样的优点是抽样误差小,缺点是过程烦琐。

(2) 分层随机抽样。为保证样本有较好的代表性,可将一批产品按不同的生产班组、设备等进行分层,并使同一层内的产品质量均匀一致。然后在各层内分别随机抽取一些单位产品,并将其组合成一个样本,这种方法称为分层随机抽样。如果按各层在整批中所占的比例,分别在各层内抽取单位产品,就称为分层按比例随机抽样。

(3) 系统随机抽样法。当批中产品可依次编号为 1~N 时,抽样方法如下:以符号 (N/n) 表示 N/n 的整数部分,并作为抽样间隔,按简单随机抽样法,将在 $1\sim(N/n)$ 随机抽取的一个整数作为样本中的第一个样品号码,然后每隔 (N/n) 个产品抽取一个,直到抽得 n 个或 $(n+1)$ 个样品。如果抽得 $(n+1)$ 个样品,可任意去掉一个样品。

(4) 分阶段随机抽样法。如果整批产品由许多群组成,而每群又由若干组组成,则可按前述三种方法中的任意一种,先采用整群抽样法,即以群为单位抽取一定数量的群,并组成样本;进一步在各群中按随机抽样法抽取产品并组成新的样本,则称此抽样方法为分阶段随机抽样法。

2.5　制造过程波动

制造加工过程的长期实践表明,一名工人在同一台机器设备上,用同一种原材料,采用同样的工艺方法,加工同一批零件,并用同一种计量仪器进行测量,所得的结果并非完全相同。这就是常说的产品制造过程中存在波动的现象,在质量控制中,这种现象称为制造过程波动。制造过程波动在任何加工过程中都是客观存在的,是不以人的意志为转移的。考核工序质量,主要是看其波动性的大小。波动小,则工序质量稳定;反之,则工序保证加工质量的能力差。仅由偶然因素造成的质量微小波动属于正常波动,并认为此时的生产过程处于统计控制状态,简称受控状态。而仅由系统因素造成的质量波动属于异常波动,并认为此时的生产过程处于非统计控制状态,简称失控状态。

2.5.1　正常波动

正常波动是由随机因素引起的产品质量波动,这些随机因素在生产过程中大量存在,经常对产品质量产生影响,但其造成的质量特性值波动往往比较小。例如,原材料成分和性能上的微小差异;机器设备的轻微振动;温度、湿度的微小变化;操作方面、测量方法、检测仪器的微小差异;等等。要消除造成这些波动的随机因素,技术上难以达到,经济上的代价也很大。因此,一般情况下这些质量波动在生产过程中是允许存在的,所以称为正常波动。生产中的重要任务是维持生产过程中的正常波动,持续地生产出质量合格的产品。公差是承认这种波动的产物。仅存在正常波动的生产过程称为处于统计控制状态,简称控制状态或稳定状态。

2.5.2　异常波动

超过规定允许范围的波动称为异常波动、失控状态、不稳定状态,在这种状态下生产出的产品属于质量不合格产品。异常波动是由系统原因引起的产品质量波动,这些系统因素在生产过程中并不大量存在,对产品质量也不经常发生影响,但一旦存在,它对产品质量的影响就比较显著。比如,原材料的质量不符合规定要求;机器设备带病运转;操作者违反操作规程;测量工具存在系统性误差;等等。由于这些原因引起的质量波动大小和作用方向具有一定的周期性或倾向性,因此比较容易查明,容易预防和消除。又由于异常波动对质量特性值的影响较大,因此一般来说在生产过程中是不允许存在的。我们称存在异常波动的生产过程处于非统计控制状态,简称失控状态或不稳定状态。

应用统计方法的目的是通过对过程的数据进行统计、分析,及时发现过程中的异常波动,便于生产者有目的地进行改进,达到稳定生产状态。

2.6 小结

(1) 在加工过程中,对反映产品制造质量波动的各类几何量、工况量数据进行准确监控与分析,是提高产品质量和竞争力的重要保证。

(2) 过程设计可将整个流程排布在流程图中进行评审。在制造过程中,计划很重要的作用是通过数据分析发现过程特征或变量与产品特征或结果间的关系。

(3) 质量控制中,检验一般分为总体检验和抽样检验两种方式。

(4) 抽样检验方法的选择除与生产质量密切相关外,还与生产单位质量检验部门的管理体制、检验费用、生产方式和质量指标的测量方式有关。抽样检验方案的种类很多,应根据不同要求选取适当的类型。

(5) 连续型(适用于变量数据),当特征值能取区间内的任意值时(受到过程测量精度的影响),其概率分布就是连续型概率分布。大部分连续型特征值符合以下几个分布中的一种:正态分布、指数分布、威布尔分布。

(6) 离散型(适用于属性数据)。当特征值仅能取区间内的特定值时(例如整数 0,1,2,3),其概率分布就是离散型概率分布。常用的离散分布有泊松分布和二项分布。

(7) 质量数据特征值是根据样本数据计算的描述样本质量数据波动规律的指标。统计分析是根据这些样本数据特征值对总体的质量状况进行分析与判断。常用描述数据分布集中趋势的特征值有算术平均值、众数和中位数,以及描述数据分布离散趋势的标准偏差、极差和离散系数等。

复习思考题

1. 数字化加工过程多源质量数据具有哪些特点?
2. 简述制造过程变量与产品生产结果的相关性。
3. 简述总体检验和抽样检验的应用场合和优缺点。
4. 常用的随机抽样法有哪几种?
5. 连续型概率分布有什么特点?常用的连续型概率分布有哪些?
6. 离散型概率分布有什么特点?常用的离散型概率分布有哪些?
7. 正态分布的特点是什么?
8. 表示数据分布集中趋势的特征数有哪些?
9. 表示数据分布离散趋势的特征数有哪些?

第3章

制造质量数据分析方法

上一章深入探讨了制造质量数据的特点,以及如何通过统计特征值描述样本质量数据的波动规律。这为理解质量控制的基础提供了重要理论支持。然而,仅有对数据的理解是不够的,接下来将进一步探讨制造质量管理中的分层法、调查表、排列图、因果图、直方图、散布图和控制图 7 种质量数据分析方法,详细阐述每种方法的基本概念、绘制过程、注意事项及应用场景,这些方法将更全面、准确地了解产品质量的波动情况。通过深入探讨这些方法的原理和应用,为制造质量管理工作提供更有力的支持和指导。

3.1 分层法

3.1.1 分层法的概念

分层法也称分类法或分组法,是指将收集来的原始质量数据按其性质、来源、影响因素等进行分类,对性质相同或相近的数据进行归类整理和汇总分析的一种方法。

制造质量问题往往是多种因素共同影响的结果,要想使原因分析得清楚、问题判断得准确,最有效的方法是将收集到的数据分层,也就是将数据按各种质量影响因素分别进行整理,层层分析,从而使分析结果更准确。

分层法是质量管理中常用于分析质量影响因素的一种最基本的方法,也是应用其他质量管理方法的基础。

3.1.2 分层的标志

根据分层的目的,按照一定的标志加以区分,把性质相同、在同一条件下收集的数据归在一起。选择合适的分层标志是分层法的关键环节。对在制造过程中收集到的统计数据进行分层时,可采用下述分层标志:人员、机器、材料、方法、环境、测量、时间、缺陷和其他分层标志。

对质量特性数据进行分层时,要求处于同一层次的数据的波动幅度尽可能小,而层与层之间的数据的波动幅度差别尽可能大,否则很难起到分层的作用。

分层时还要注意分层的合理性,要按不同的层次进行组合分层,既可选择单一分层标志,也可同时选择多个分层标志,这样可以使事物的本质体现得更清楚。如果分层不合理,有些问题可能会被掩盖。

3.1.3 分层法的应用

分层法的应用步骤如下。

(1) 明确分层目的。

(2) 收集相关质量数据。

(3) 选用合适的分层标志。

(4) 将已收集的数据按分层标志分别进行统计整理。

(5) 根据整理结果确定问题来源。

(6) 进一步分析问题原因并采取有效措施。

例:使用铆接机铆接螺柱,铆接螺柱的高度与作业人员和铆接设备都有关系。

表 3-1 中的总体数据没有依据作业人员或设备进行分层处理,难以确认造成铆接高度问题的作业人员或设备原因。

表 3-1 铆接螺柱作业状况统计

作 业 人 员	铆 接 机	高度合格数	高度偏高数
张	铆接机 1	9	2
王	铆接机 1	1	9
李	铆接机 1	11	2
赵	铆接机 1	21	3
张	铆接机 2	11	4
王	铆接机 2	1	11
李	铆接机 2	8	4
赵	铆接机 2	12	3

由分层处理后的统计表(表 3-2)可清楚地知道,从作业人员类别分析,造成铆接高度偏高的主要原因在于作业人员小王,应及时查找小王身上的原因,若确实是操作技术水平方面的问题,需对小王进行相关技术培训;从设备类别分析,造成铆接高度偏高的主要原因在于铆接机 2,应及时查找相应设备中造成质量问题的原因,并加以排除。

表 3-2　铆接螺柱作业状况分层统计

原　　因		合 格 品 数	不合格品数	不合格品率
作业人员类别	张	20	6	23％
	王	2	20	91％
	李	19	6	24％
	赵	33	6	15％
设备类别	铆接机 1	42	16	28％
	铆接机 2	32	22	41％

3.2　调查表

3.2.1　调查表的概念

1）调查表的含义

调查表是利用统计表进行数据整理和粗略原因分析的一种方法，也叫检查表或统计分析表。

调查表是为了掌握生产和试验现场情况，根据分层的思想设计出的数据及不合格记录表格，是收集数据并对数据进行粗略整理的有效工具，是最基本的质量原因分析方法，也是最常用的方法。在实际工作中，经常将调查表和分层法结合使用，这样可以把可能影响质量的因素调查得更清楚。

2）调查表的结构

从形式上看，调查表由总标题、横行标题、纵行标题和数据资料 4 部分组成。总标题是调查表的名称，反映其主要内容；横行标题是横行的名称，反映各横行要说明的对象或内容；纵行标题是纵行的名称，反映各纵行要说明的对象或内容；数据资料是统计调查得到的数据信息，对应地写在各横、纵交叉栏内。部分调查表还列有补充资料，如资料来源、数据的计算方法及其他需备注的信息。调查表底部通常还需列明制表人、审核人、填报时间等信息。

3.2.2　调查表的常用类型

使用目的、使用场合、使用对象及使用范围不同，调查表的形式和内容也多种多样，在实际中可以灵活设计和应用。以下介绍几种常用调查表的类型。

（1）不合格品数分布调查表。不合格品检验统计是为了减少生产中出现的各种不合格品，调查各种不合格品的类型及其百分比，并进行分类统计，以便分析和控制产品质量。

（2）不良项目调查表。质量管理中的"良"与"不良"是相对于标准、规格、公差而言的。不良项目调查表用于调查产品质量不良的类型及其比例。

（3）缺陷原因调查表。以清除不良原因为目的，按设备、操作者等标志进行分层调查，并填写缺陷原因等信息。

（4）缺陷位置调查表。若零件或产品出现磕碰、锈蚀等现象，例如电镀、涂装件等的气孔、斑点，铸件、注塑件的气孔等缺陷，可采用缺陷位置调查表调查缺陷情况。

3.2.3　应用调查表的注意事项

（1）注意记录与数据相关的数据背景，如测试时间、地点、数量、测试者、零件号、批号、名称规格及必要的环境条件等。

（2）统计分析表必须针对具体的产品，设计出专用的调查表进行调查和分析，不仅有利于分析问题，还可避免不同条件的数据混淆。

（3）调查表内填写的数据必须真实、可靠、准确。

3.3　排列图

3.3.1　排列图的概念

1）排列图的含义与原理

排列图是意大利经济学家、统计学家帕累托于 1897 年提出的，又称主次因素分析图或帕累托图，用于找出影响产品质量主要因素的一种有效工具。

朱兰博士指出，在许多情况下，多数不合格及其引起的损失是由少数原因造成的，即根据"关键少数，次要多数"的原理，使排列图在质量管理中成为查找产品质量关键影响因素的重要工具。

2）排列图的构成

排列图由两个纵坐标、一个横坐标、几个直方条和一条折线构成，如图 3-1 所

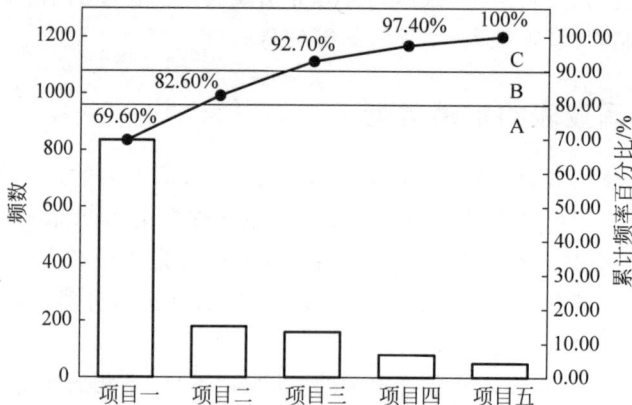

图 3-1　排列图的构成

示。排列图的横坐标表示影响产品质量的因素或项目,按其影响程度大小,从左到右依次排列;排列图左侧的纵坐标表示频数,即质量问题或因素的多少,如件数、金额、工时、吨位等;右侧纵坐标表示累计频率,以百分比表示;直方条的高度表示某因素的影响程度大小,按照从高到低、从左到右的顺序依次排列;折线是由各累计频率点连接而成的线,表示影响因素大小的累计频率百分数,是由左到右逐渐上升的,这条折线称为帕累托曲线。

3) 排列图的用途

在进行质量分析时,发现影响产品质量最关键的往往只是少数几项因素,而其造成的不合格产品却占总数的绝大部分。通过排列图可一目了然地明确各质量因素影响的主次位置,从而明确改进方向和改进措施。采取措施后的效果,也可通过排列图进行对比确认。排列图作为降低不良品率的依据,可用于发现作业现场的重要问题,以更直观地反映报表或记录的数据状况等。任何质量改进问题都可以使用排列图法解决。此外,排列图不仅可用于质量管理,还可广泛用于各行各业及各方面的工作改进活动。

3.3.2　排列图的绘制

绘制排列图通常按以下步骤进行。

(1) 确定要调查的问题。进行排列图的绘制,首先要明确拟调查的问题,其次确定关键的分类方法及统计项目,例如,按不合格项目、不同缺陷、不同班次、不同机床等进行分类。

(2) 收集数据。收集对应问题的相关数据。

(3) 为防止混乱,便于统计计算,应设计一张数据记录表,将数据填入其中,作为排列图专用数据表。表中列有各项质量问题或因素发生的频数、累计不合格数、各不合格项目所占百分比及累计百分比,如表 3-3 所示。统计时,依据发生频次,从大到小、从上往下依次填写。

表 3-3　排列图数据表

序号	不合格项目	不合格频数	累计不合格数	各不合格项目所占百分比/%	累计百分比/%
1	断裂	104	104	52	52
2	擦伤	42	146	21	73
3	污染	20	166	10	83
4	其他	14	180	7	90
5	弯曲	10	190	5	95
6	裂纹	6	196	3	98
7	砂眼	4	200	2	100
合计		200	—	100	—

（4）画出同时含有两条纵轴和一条横轴的统计图,在左边纵轴上标明频数的刻度,最大刻度为总频数;在右边纵轴上标明累计频率百分比的刻度,最大刻度为100%;还要保证左边总频数的刻度与右边总频率的刻度(100%)高度相等;在横轴上将各项目依据频数从大到小依次列出。

（5）在横轴上以频数大小为高度,画出各不合格项目对应的矩形。

（6）在每个直方柱的右上方标出各质量因素的累计频率点(发生频数和累计频率百分比的交点),将它们连接起来,形成一条从左向右的上升折线。根据表 3-3 中的数据制作出的排列图如图 3-2 所示。

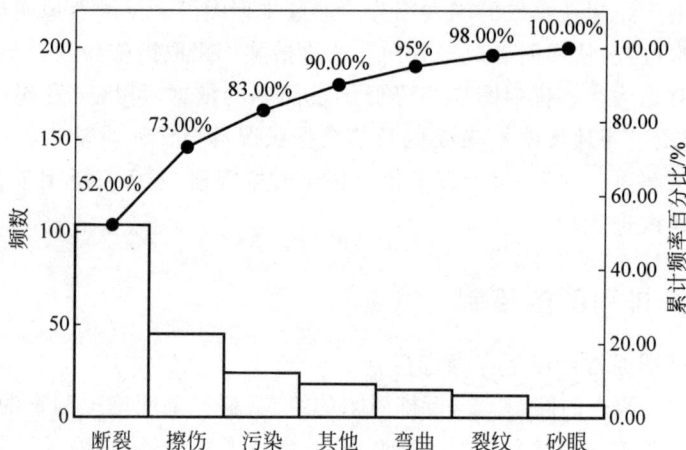

图 3-2   排列图

（7）利用排列图分析主次原因,确定对质量改进最重要的问题或因素。

3.3.3   应用排列图的注意事项

在实际应用中,使用排列图时应注意以下问题。

（1）一般来说,主要因素最好是 1~2 个,最多不超过 3 个,否则就失去了"找主要矛盾"的意义,需要重新考虑因素的分类。

（2）排列图上的项目数要选取适当,6 项左右为宜,若项目过少,则失去了"排列"的必要;相反若项目过多,则图表可能变得混乱,难以阅读和理解,失去利用图表"简洁易读"的特性。

（3）适当合并一般因素,影响小于 5% 的因素可以统一归并为其他因素,放在横轴的最后面。

（4）绘制排列图时要注意左右纵轴取值之间的比例,保证两者等高,这也是绘制过程中最常见的错误。此外,矩形底边的宽度要适宜,尽量保证排列图清晰、美观。

（5）针对主要原因采取措施后应再取数据,按因素项目重新排列分析,以检验改进措施的实施效果。

3.4　因果图

3.4.1　因果图的概念

1）因果图的含义

因果图也叫特性要因图，是指用于查找主要问题产生的主要原因，对产品存在的某个质量问题以及导致该问题的原因进行分析和分类，并用一个树枝状的图形将其间的因果关系表示出来，以便从重要因素着手解决问题的一种质量管理工具。

因果图法采用质量分析的方式，集思广益，找出影响质量的所有因素，并按其因果关系进行系统整理，分出大原因、中原因、小原因，绘成一张因果分析图，从中找出影响质量问题的主要原因，并有针对性地采取措施的一种方法。

2）因果图的构成

因果图由一系列方框、特性、主干和枝干等部分构成，如图 3-3 所示。其中，特性用于描述质量问题或结果；主干为一条水平从左至右指向特性的粗线箭头；主干两侧均匀分布着大枝，代表产生质量问题或结果的主要原因（因素），填写在大枝上方的水平方框内；大枝两侧分布有中枝，代表大原因包含的造成质量问题的中原因；中枝两侧分布着小枝，代表中原因包含的造成质量问题的小原因；如小原因可继续细分为更小的原因，则画出细枝。

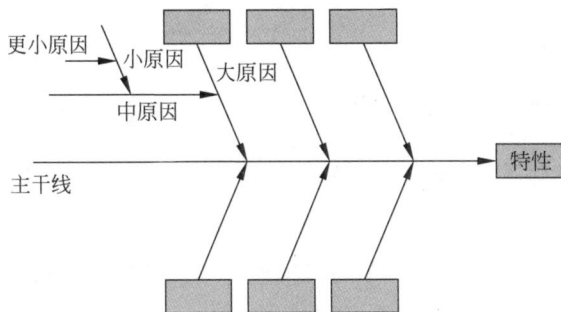

图 3-3　因果图的构成

3.4.2　因果图的绘制

绘制因果图通常按以下步骤进行。

（1）确定分析对象。把要分析的质量特性问题填入主干线箭头指向的特性方框，可通过排列图法确定质量问题的主要因素，并对其绘制因果图进行分析。

（2）确定原因类别。找出影响质量的所有因素，并按因果关系进行系统整理，分出大原因、中原因和小原因。

（3）检查有无遗漏。即对分析的种种原因进行逐一排查，以查缺补漏的方式确保数据完整。

（4）找出重要原因。采用层层追问的方式，不断询问"为什么"，直至无法给出"更小的具体原因"为止。这样的末端原因即为所追溯的重要原因。

（5）记录必要事项。注明绘图者、参加讨论分析人员、时间等可参考事项。

3.4.3　应用因果图的注意事项

（1）一幅因果图只针对一个质量问题。

（2）同一个原因在同一因果图上只能出现一次，不能重复出现。

（3）描述原因时要用贬义词，不能用中性词或褒义词，文字要准确。

（4）画出因果图，找出重要原因、关键因素后，要把重点放在解决问题即采取改进措施上，改进过程为：依据 PDCA 循环规划改进活动步骤；使用 5W1H（What、When、Where、Who、Why、How，也称为六何，即何事、何时、何地、何人、为何、如何）决定改进活动进度并分配任务。

（5）对关键因素采取措施后，再用排列图等方法检验其效果。

（6）因果图可以配合分层法一起使用，绘制分层因果图，即对因果图上的重要原因进行更深入的探究。

（7）因果图除可用作结果和原因的分析外，还可用作目的与手段之间、全体和要素之间的分析。

3.5　直方图

3.5.1　直方图的概念

1）直方图的含义

直方图法是一种通过从总体中随机抽取样本描述数据分布的统计方法。该方法中，首先从样本中获得数据，然后整理数据并以一系列等宽的矩形表示其分布情况。每个矩形的宽度表示数据分布的范围间隔，高度表示给定间隔内数据出现的频数。通过观察矩形的高度变化，可以了解数据在不同范围内的分布情况。

直方图是一种常用的质量管理统计工具，可分为频数直方图和累计频数直方图。本节仅介绍频数直方图，简称直方图。

2）直方图的构成

在平面直角坐标系内，x 轴代表质量特性数据，y 轴代表频数。在 x 轴上将质量特性数据的观测值区间分组，并将分组区间作为矩形的底边，表示数据的分布，矩形底边宽度 $a_1a_2 = a_2a_3 = a_3a_4 = \cdots = a_{n-1}a_n$ 表示质量特性数据的范围间隔，

其高度 b 等于组内质量特性数据的频数,如图 3-4 所示。观察图中矩形的高度排列特点,即可了解质量特性数据的分布情况。

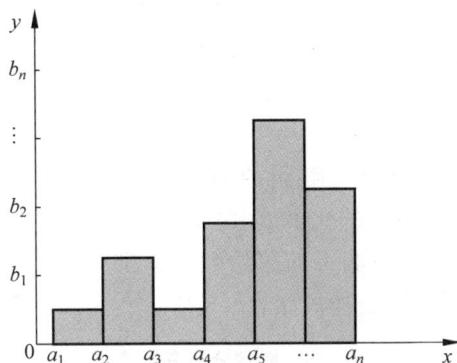

图 3-4　频数直方图

3.5.2　直方图的绘制

绘制直方图通常按以下步骤进行。

(1) 收集数据并整理。质量特性数据总数 n(一般 $n \geqslant 50$)不得小于 30。

(2) 求极差 R。在原始数据中找出最大值和最小值,两者的差就是极差,即
$$R = X_{\max} - X_{\min}。$$

(3) 将质量特性数据分组,确定分组的组数。一批数据分组组数通常根据总数 n 的大小确定。组数的确定可参考表 3-4 选取。

表 3-4　直方图分组数

质量特性数据个数 n	分组数 k	常用组数 k
50～100	5～10	
101～250	7～12	10
>250	10～20	

也可用数学家史特吉斯(Sturges)提出的公式计算组数,其公式如下:
$$k = 1 + 3.32 \lg n$$

(4) 计算组距 h。计算公式如下:
$$h = \frac{R}{k}$$

组距的计算结果常为小数,为便于后期数据整理,通常将组距舍入为最小测量单位的整数倍。

(5) 确定各组界限值($a_{i\text{下}}$、$a_{i\text{上}}$)。为避免数据最大值和最小值落在组的界限上,也为使图形紧凑美观,第一组的下界限值 $a_{1\text{下}}$ 应比 $X_{\min}$ 略小。界限值的选择

没有绝对标准,通常做法有两种:①第一组的下界限值 $a_{1下}$ 取值为 X_{min}－测量最小单位值/2;②第一组的下界限值 $a_{1下}$ 取值为 X_{min}－组距/2。第一组的下界限值 $a_{1下}$ 确定后,加上一个组距 h,即得到第一组的上界限值 $a_{1上}$。

第一组的上界限值就是第二组的下界限值,第二组的下界限值加上组距就是第二组的上界限值,也就是第三组的下界限值,以此类推,可得到其余各组的界限值。

为了计算的需要,往往要决定各组的中心值。每组的上下界限相加除以 2 即为组中值。组中值为各组数据的代表值,用 m_i 表示。

(6)制作频数分布表。将测得的原始数据分别归入相应的组,统计各组的数据个数,即频数 f_i,频数分布表样式如表 3-5 所示。

表 3-5　频数分布表样式

组号	组界 $a_{i下}$、$a_{i上}$	组中值 m_i	频数 f_i
1			
2			
3			
⋮			

(7)画直方图。用横坐标表示质量特性数据,纵坐标表示频数,在横轴上标明各组组界,以组距为底,以各组频数为直方图的高度,画出一系列直方柱,就完成了直方图的绘制。

(8)在直方图的空白区域,记录有关数据的特征信息,如样本数 n、平均值 $\overline{X}$、标准差 S 等。

3.5.3　直方图的分析

在制造过程中,直方图的形状是各种各样的,但可以归纳出一些典型的直方图,其形状如图 3-5 所示,具体分析如下。

(1)标准型,又称对称型,如图 3-5(a)所示。这种图形的特点是中间高、两边低,数据的平均值与最大和最小值的中间值相同或接近,频数在中间值附近出现最多,远离中心值后向两边缓慢下降,并且以平均值为对称轴左右对称。

(2)偏向型,如图 3-5(b)所示。数据的平均值相对分布中心偏向左侧(或右侧),从左至右(或从右至左),数据分布的频数在左(右)侧较陡,右(左)侧较缓,形状左右不对称,称为左偏型(右偏型)。

(3)双峰型,如图 3-5(c)所示。其特点是靠近直方图中间值的频数较小,而在左右两侧各有一个高峰。

(4)平顶型,如图 3-5(d)所示。在分布范围内,各组间的频数差距不大,而在中心区域呈现平坦形状,不符合正态分布的变化规律。

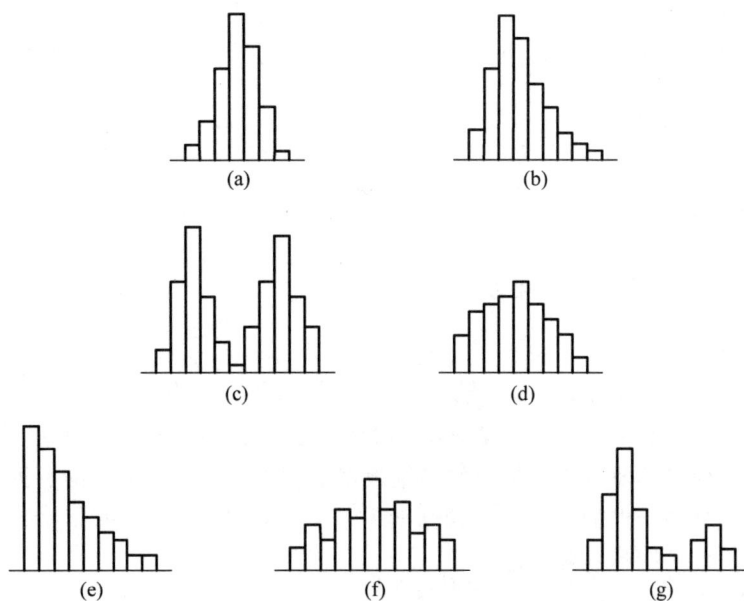

图 3-5　典型直方图形状

（5）陡壁型，如图 3-5（e）所示。这种图形的平均值相对于分布中心极端偏左（右），频数分布左（右）侧很陡而右（左）侧缓和，图形左右不对称。

（6）锯齿型，如图 3-5（f）所示。直方图出现参差不齐的状况，即频数不是梯次减小，而是隔区间减小，形成锯齿状。

（7）孤岛型，如图 3-5（g）所示。在标准型的直方图一侧出现一个小直方图，犹如一个小岛。

3.5.4　直方图的用途

直方图因做法简单、形象直观而得到广泛应用，主要用途体现在以下几个方面。

（1）判别加工误差的性质。如根据直方图的形状判别加工误差产生的原因，进而有针对性地寻找原因并采取措施加以消除。

（2）确定各种加工方法所能达到的精度。由于各种加工方法在随机因素影响下所得加工尺寸的分布规律符合正态分布，因此，可以在多次统计的基础上求得每种加工方法的标准偏差 σ 值，并按分布范围等于 6σ 值确定各种加工方法所能达到的精度。

（3）确定工序能力及其等级。工序能力是指工序处于稳定状态时加工误差正常波动的幅度，可以用该工序的尺寸分布范围表示。在加工尺寸分布接近正态分布时，标准工序能力为 6σ。

（4）估算不合格品率。正态分布曲线与 x 轴之间包围的面积表示一批工件的总数。工件尺寸分布范围大于公差 T 时,将出现废品。

利用直方图还可以制定质量标准、确定公差范围、评价质量管理水平、判断质量分布情况等。

3.6 散布图

3.6.1 散布图的概念

1) 散布图的含义

在平面直角坐标系内,用 x 轴代表自变量 X,用 y 轴代表因变量 Y,每组数据 (X_i, Y_i) 在坐标系中用一个点表示,n 组数据在坐标系中形成 n 个点,称为散点(点子云)。由坐标及其散点形成的二维数据图,称为散布图,又称散点图、相关图。它是通过观察图中点的分布状况判断两个变量间的相互关系,进而控制产品质量相关影响因素的一种有效方法。

2) 散布图的类型

在散布图中,两个要素之间可能具有非常强烈的正相关,或者弱的正相关。这些都体现了这两个要素之间不同的因果关系。一般情况下,两个变量之间的相关类型主要有 6 种,典型散布图类型如图 3-6 所示。

(1) 强正相关,如图 3-6(a)所示。当变量 X 增大时,变量 Y 随之显著增大,说明 X 是影响 Y 的主要因素。

(2) 强负相关,如图 3-6(b)所示。当变量 X 增大时,变量 Y 却随之显著减小,说明 X 是影响 Y 的主要因素。

(3) 弱正相关,如图 3-6(c)所示。当变量 X 增大时,变量 Y 随之增大,但增大的程度不明显,说明 X 是影响 Y 的因素,但不是唯一因素。

(4) 弱负相关,如图 3-6(d)所示。当变量 X 增大时,变量 Y 随之减小,但减小的程度不明显,说明 X 是影响 Y 的因素,但不是唯一因素。

(5) 不相关,如图 3-6(e)所示。当变量 X(或 Y)变化时,另一个变量并不随之改变,说明 X 不是影响 Y 的因素。

(6) 曲线相关,如图 3-6(f)所示。当变量 X 开始增大时,Y 随之增大,但当 Y 达到某一值后,X 再增大时,Y 反而减小,说明 X 是影响 Y 的主要因素。

3) 散布图的用途

在质量管理中,三种类型的散布图应用非常广泛:一是质量特性和影响因素之间的相关性分析;二是某一质量特性和另一质量特性之间的相关性分析;三是同一质量特性两个因素之间的相关性分析。

在实际生产中,许多制造过程涉及两个相关数据:一个是输入,另一个是输出结果。如果制造过程处于稳定状态,则两个数据存在相关关系,通过研究它们之间

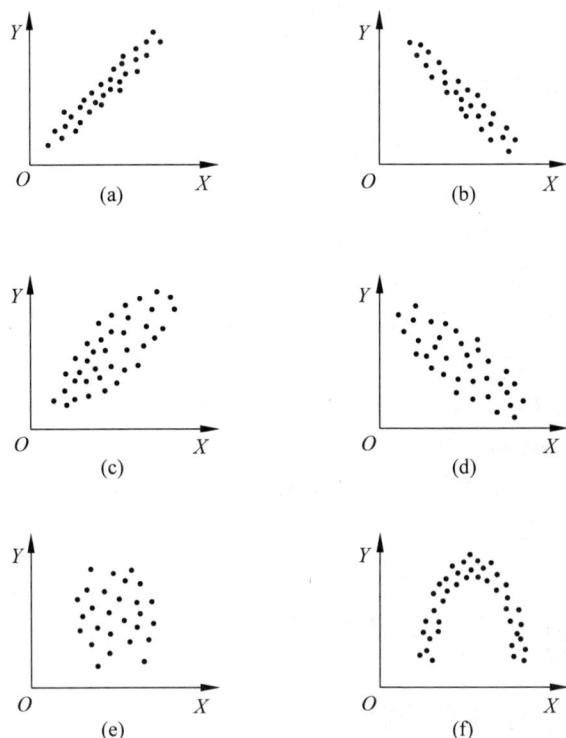

图 3-6　典型散布图类型

的关系可知该过程的运行状况。如果两个数据之间的相关度很大,那么可以通过控制一个变量间接控制另一个变量。

3.6.2　散布图的绘制

绘制散布图时通常按以下步骤进行。

(1) 确定研究对象。研究对象可以是质量特性值与因素之间的关系,也可以是质量特性值之间的关系,还可以是因素与因素之间的关系。

(2) 收集数据。需要收集成对的数据 30 组以上,一般数据组数 $N \geqslant 50$ 较为理想。将两个变量相应的数据成对填入数据表,同时记录收集数据的日期、取样方法检测器具、检测和记录人员等事项。

(3) 画出横坐标 x 与纵坐标 y,加上特性值标度。一般横坐标表示原因特性,纵坐标表示结果特性。进行坐标轴的标度时,应先求出数据 x 与 y 各自的最大值与最小值。划分间距的原则是使 x 的最小值至最大值的距离大致等于 y 的最小值至最大值的距离。

(4) 根据数据画出坐标点。根据 x 与 y 的值分别在横、纵坐标轴上取对应值,然后分别引出平行于 y 轴与 x 轴的平行线,其交点即为所求的坐标点。当有多点重合时,应以该点为圆心画同心圆进行标识。

3.6.3　应用散布图的注意事项

(1) 作散布图时,要注意对数据进行正确的分层,否则可能导致后期使用过程中的误判。

(2) 对明显偏离群体的点进行检验,查明原因,判断该点是否为异常值,对确定为异常值的点,需要进行剔除。

(3) 当收集的数据较多时,难免出现重复数据。作图时为表示这种情况,应在点的右上方标明重复次数。

(4) 根据相关分析所得的结论,仅适用于试验的取值范围,不能随意扩大适用范围;当取值范围不同时,再进行相应的试验与分析。

(5) 判断通过散布图得出的相关关系是否与固有技术、经验相符,如不符合,则应进一步检查,以避免某些原因导致虚假的观察结果。

3.7　控制图

3.7.1　常规控制图的概念

1) 控制图的含义

控制图又称统计过程控制图,即 SPC(statistical process control)图,是指将一个过程定期收集的样本数据按顺序点绘而成的一种图示技术。控制图可展示过程变异并发现异常变异,进而采取预防措施。控制图的功用在于对生产过程是否处于统计过程控制状态做出判断,是根据统计学原理对质量特性数据进行统计分析,通过引入控制界限,以检测和判断是否由异常原因产生质量波动的一种图表,现已成为生产中控制过程质量的主要方法。

常规控制图的原理基于"小概率事件不容易发生,一旦发生,就说明有异常情况"的理论。当制造过程处于稳定状态时,其输出产品的质量特性值服从正态分布。一旦出现不合格产品,就说明小概率事件发生,即意味着制造过程发生了异常波动。

2) 控制图的构成

常规控制图要求从过程中获取以近似等间隔抽取的数据,此间隔可以用时间(例如 1h)或者数量(例如每批)定义。通常这样抽取的数据在过程控制中称为子组,每个子组由具有相同可测量单位和相同子组大小的同一产品或服务组成。从每一子组中可得到一个或多个子组特性,如子组平均值 $\bar{X}$、极差 R 或标准偏差 S。常规控制图是指给定的子组特性值与子组号对应的一种图形,它是根据概率统计的原理,在坐标系上做出两条控制线和一条中心线,然后将按时间顺序抽样所得的质量特性数据(或样本统计量)以点子的形式依次描绘在图上,通过点子动态分布情况分析生产过程质量与趋势的图形。常规控制图的基本形式如图 3-7 所示。

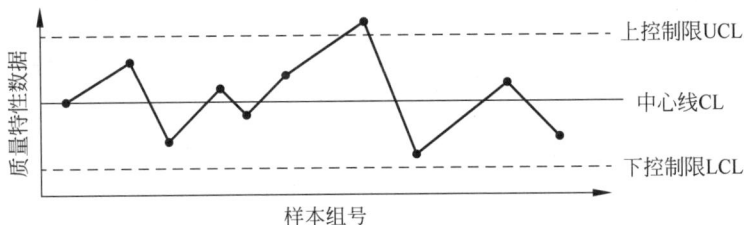

图 3-7　常规控制图的基本形式

图 3-7 中的横坐标是以时间先后顺序排列的样本组号(子组号),纵坐标为质量特性数据(或样本统计量)。控制限一般用两条虚线表示,上面一条称为上控制限,记为 UCL(upper control limit);下面一条称为下控制限,记为 LCL(lower control limit);中心线用实线表示,记为 CL(central line)。

控制图的基本思想是把要控制的质量特性数据用点子描绘在图上,若点子全部落在上、下控制限内,且没有什么异常状况时,就可判断生产过程处于控制状态。否则,就应根据异常情况查明原因并设法排除。通常点子越过控制限就是报警的一种方式。

3) 控制图的类型

根据质量数据的性质,可将常规控制图分为两大类:计量值控制图和计数值控制图,每类又分为 4 种子类型,共计 8 种常规控制图。

(1) 计量值控制图。计量值控制图适用于以计量值(连续型数据)为控制对象的场合,一般两幅图组合使用,一幅图用于监控过程中心(均值)的变化,另一幅图用于监控过程变异(极差或标准差)的变化。计量值控制图包括以下类型。

① 均值-极差控制图:$\overline{X} - R$ 图。

② 均值-标准偏差控制图:$\overline{X} - S$ 图。

③ 中位数-极差控制图:$M_e - R$ 图。

④ 单值-移动极差控制图:$X - R_S$ 图。

(2) 计数值控制图。计数值控制图适用于以计数值(离散型数据)为控制对象的场合,每种计数值控制图都只有一幅图形。计数值控制图包括以下类型。

① 不合格品率控制图:p 图。

② 不合格品数控制图:np 图。

③ 缺陷数控制图:c 图。

④ 单位缺陷数控制图:u 图。

4) 控制图的选用

在应用控制图前,应根据所要控制的质量特性指标的情况和数据性质选择控制图,找到适宜的控制图是正确应用该方法的关键。常规控制图的选择流程如

图 3-8 所示。

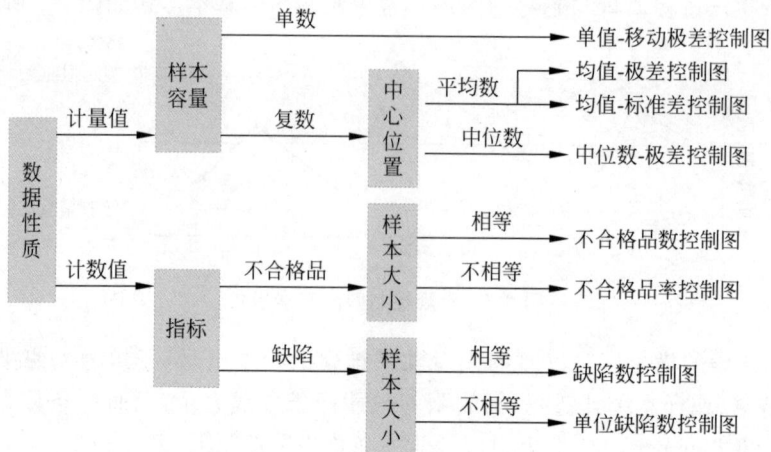

图 3-8　常规控制图的选择流程

　　相较而言，在制造业制造过程质量控制中，计量值控制图比计数控制图应用更广泛。

3.7.2　常规控制图的绘制

　　1）计量值控制图

　　均值-极差控制图：$\overline{X}$-R 控制图。对于计量值数据，$\overline{X}$-R 控制图是最常用、最重要的控制图，具有适用范围广、灵敏度高的优点。绘制 $\overline{X}$-R 控制图的步骤如下。

　　（1）数据的收集整理与分组。休哈特在发明控制图时提出"合理分组原则"，将收集到的数据合理划分为一系列子组样本。经分组后，样本组内的差异可认为仅由偶然因素造成，即随机误差；而样本组间的差异由系统性因素造成，即系统误差，这也是控制图所要查明并改进的质量因素。一般来说，应按时间或数据的来源确定样本，而且样本量 n 最好保持不变，以避免烦琐的计算。对于 $\overline{X}$-R 控制图而言，合适的样本数为 25 组数据，过少影响精度，过多则影响精度不大且计算量大；子组样本量 n 在 2～10，以 $n=5$ 为宜。

　　（2）计算各组的平均值 $\overline{X}$、极差 R。

　　（3）计算总体平均值 $\overline{\overline{X}}$ 与极差的平均值 $\overline{R}$。

　　（4）计算 $\overline{X}$ 图与 R 图的控制限。

　　（5）制作控制图。

　　2）计数值控制图

　　计数值控制图中的 p 图和 np 图建立在二项分布的理论基础上，c 图和 u 图建立在泊松分布的理论基础上。当样本量 $n>100$ 时，二项分布趋于正态分布；$\lambda \geqslant 6$

时,泊松分布趋于正分布。由于这个特点,这 4 种控制图在形态上与上述介绍的计量值控制图相似。不过每种计数控制图只有一个图形,而每种计量控制图由两个图形组成。

例如,绘制 p 控制图的步骤如下。

(1) 收集数据。

(2) 计算各样本组的不合格品率 p 与总体的不合格品率平均值 $\bar{p}$。

(3) 计算 p 图的控制限。

p 图在各样本组样本量相等和不相等的情况下都能使用,对于样本量相等的情况,只需根据控制限计算公式计算得到统一的控制限,为一条直线;对于样本量不相等的情况,则需对每个样本组计算一次控制限,计算过程较烦琐,最终得到的控制限由不规则线段组成,呈凹凸状变化。

(4) 点绘 p 图。

3.7.3　控制图的特点及应用

1) 计量值控制图的特点

计量值控制图对工序中存在的系统性原因反应敏感,所以具有及时查明并消除异因的明显作用,其效果比计数控制图显著。计量值控制图经常用于预防、分析和控制工序加工质量,特别是几种控制图联合使用。

2) 计数控制图的特点

计数控制图的作用与计量值控制图类似,其目的也是分析和控制生产工序的稳定性,预防不合格品出现,保证产品质量。获得计数数值快且经济是计数控制图的最大优点。

常规控制图的特点与应用场合如表 3-6 所示。

表 3-6　常规控制图的特点与应用场合

类型	名　　称	代　号	特　　点	应 用 场 合
计量值控制图	均值-极差控制图	$\bar{X}\text{-}R$	对过程变化的反应灵敏度高,计算 R 的工作量小,最常用	过程稳定,产品批量大,重复过程
	均值-标准差控制图	$\bar{X}\text{-}S$	对过程变化的反应灵敏度最高,计算 S 的工作量大,常用	过程稳定,产品批量大,重复过程
	中位数-极差控制图	$M_e\text{-}R$	对过程变化的反应灵敏度差,计算量很小,工人更青睐	过程稳定,产品批量大,重复过程
	单值-移动极差控制图	$X\text{-}R_S$	对过程变化的反应灵敏度较差,少用	过程稳定,每次只能得到一个数据

续表

类型	名　称	代　号	特　点	应 用 场 合
计数控制图	不合格品率控制图	p	当样本大小不是常数时计算量很大,常用	样本大小可为常数,也可不为常数
	不合格品数控制图	np	计算量小,工人易理解,常用	样本大小为常数
	缺陷数控制图	c	同 np 图	样本大小为常数
	单位缺陷数控制图	u	当样本大小不是常数时计算量很大,常用	样本大小可为常数,也可不为常数

3.7.4　应用控制图的注意事项

1) 注意控制图的应用条件

常规控制图只能控制一个质量特性,且一幅控制图只能控制一个控制对象。计量值控制图所用样本必须服从正态分布,计数型控制图中的 p 图和 np 图所用样本为二项分布, c 图和 u 图所用样本为泊松分布。只有在大批量生产的条件下,产品的质量分布才符合正态分布曲线。

2) 注意选择合适的控制图

明确应用控制图的目的是发现工序异常点,还是使工序保持受控状态;根据质量特性和数据的收集方式选择控制图的类型。

3) 注意样本的抽取

样本数据的抽取应进行充分的分层,针对不同的设备、原材料、操作人员、工艺装备等条件分别进行质量分析与控制,同时注意进行分层控制。只有这样,才能使控制图及时反映异常,以便准确、及时地找出异常原因。同一样本中的几个数据应尽可能取自相同的生产条件。

4) 注意控制图的及时性与动态性

抽样间隔时间一经确定就必须按时抽样,及时进行测量取得数据,计算后及时在控制图上描点。

3.8　小结

本章介绍了分层法、调查表、排列图、因果图、直方图、散布图和控制图 7 种质量数据分析方法,对它们的基本概念、绘制过程、注意事项及应用场景等进行了详细阐述。

复习思考题

1. 什么是分层法？分层法的标志有哪些？
2. 简述分层法的应用步骤。
3. 调查表的常用类型有哪些？
4. 简述排列图的绘制步骤。
5. 应用排列图的注意事项有哪些？
6. 因果图的用途是什么？由哪几部分构成？
7. 典型直方图的类型及其产生原因是什么？
8. 简述散布图的绘制步骤和相关关系的判定。
9. 控制图的构成和类型有哪些？
10. 如何计算均值-极差控制图的上下控制限？
11. 控制图的应用条件有哪些？

第 4 章

全面质量管理方法

上一章探讨了质量数据分析方法，了解了如何识别和解决制造质量问题。这些方法提供了对制造质量状况的深入洞察，并做出基于事实的决策。然而仅仅依靠数据分析不足以实现持久的质量改进，要将这些分析结果转化为全面的质量提升，必须采取系统性的方法，这就是全面质量管理的核心内容。全面质量管理方法不仅关注单一的制造质量问题，更致力于通过全员参与、持续改进和流程优化提升整体质量水平。这一章将探讨如何将数据分析的结果融入全面质量管理框架，确保质量改进措施有效实施并带来持久的成效。

4.1 关系图法

4.1.1 关系图法的概念

关系图法是指将关系复杂、相互纠缠的问题及其因素用箭头连接起来的一种图示分析工具，是通过分析其因果关系找出主要因素的一种方法。关系图法的目的是表示出问题与原因的因果关系。

在现代企业管理中，必须注意提高产品质量、降低成本、缩短交货期、节省资源和能源、提高自动化程度等问题。关系图法具有自由表达、没有图形制作的限制等优点，使转变思维、开放思考及实施对策都变得更容易，有助于加速质量管理工作的改善。

4.1.2 关系图法的类型

关系图法可分为多目的型、单一目的型和应用型。

1) 多目的型

这是一种用于解决两个以上目的的关系图，如图 4-1 所示。它被广泛应用于推行全面质量管理方针、目标管理和业务改进等方面，在解决多种目的问题时非常有效，并具有独特的优势。

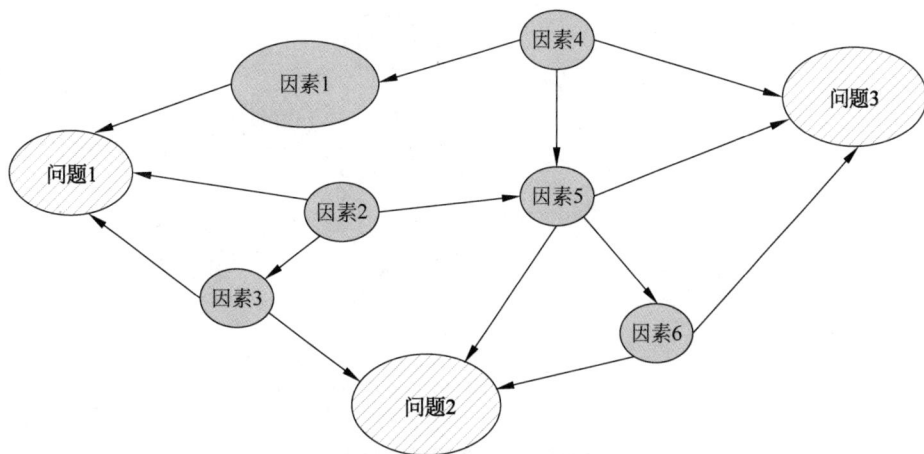

图 4-1　多目的型关系图

2）单一目的型

这是一种用于解决单一目的的关系图,按图形结构又可分为单向汇集型和中央集中型,如图 4-2 和图 4-3 所示。

（1）单向汇集型。这种图型是把重要项目或需要解决的问题放在右侧（或左侧）,将各相关因素按主次因果关系的顺序,尽量从左侧向右侧（或从右侧向左侧）排列,如图 4-2 所示。

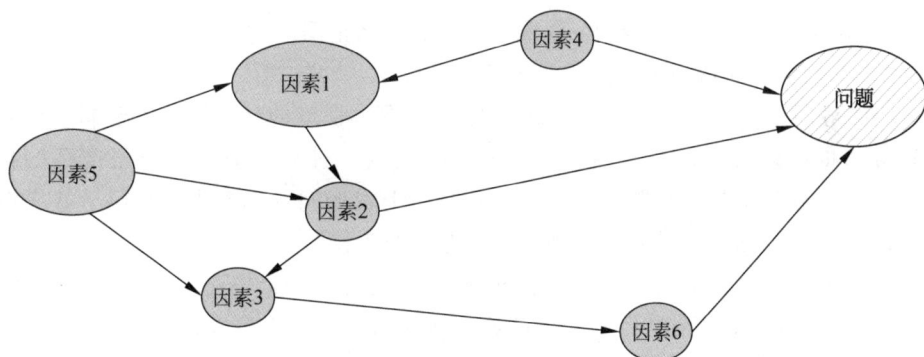

图 4-2　单向汇集型关系图

（2）中央集中型。这种图型是把重要项目或需要解决的问题尽量放在中央位置,从最密切的因素开始,把各有关因素从近到远排列在其周围,如图 4-3 所示。

3）应用型

这是一种以上述型式为基础,进一步组合运用的关系图,也有多目的型和单一目的型之分。

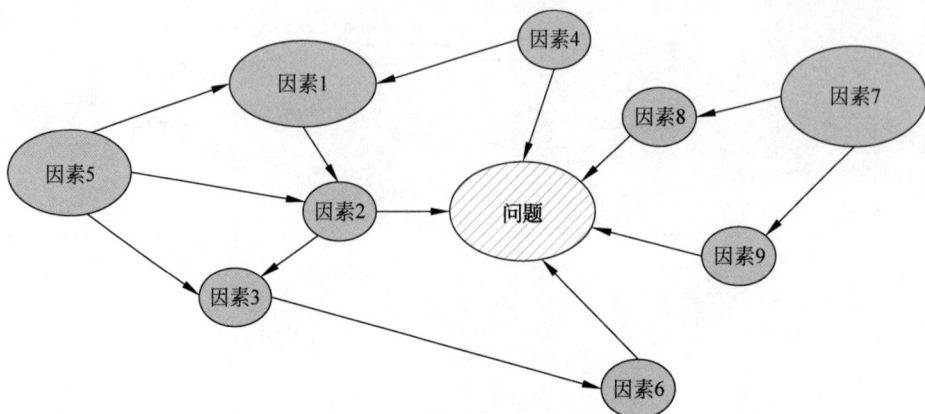

图 4-3　中央集中型关系图

4.1.3　关系图法的应用

1) 关系图的判别

① 箭头只进不出是问题；②箭头只出不进是主因；③箭头有进、有出是中间因素；④出多于进的中间因素是关键的中间因素。

2) 关系图法的绘制

关系图法的绘制步骤如下。

① 确定题目；②小组组成；③资料收集；④修正图形。

3) 关系图法的适用范围及注意事项

(1) 适用范围。①用于企业制订推行全面质量管理的计划；②用于制定质量管理和质量保证的方针及其展开；③用于制定生产过程中减少不合格产品的措施；④用于纷繁复杂的因果关系的分析；⑤用于现场问题的掌握；⑥用于寻求解决工序管理上的各种问题；⑦改进企业各部门的工作。

(2) 注意事项。①应尽可能广泛地搜集情报，抓住问题；②从人、机、料、法、环、测等方面查找因素；③针对找到的原因排序时适当调换位置；④针对复杂的因果关系，在诸多因素中找出最主要因素，中间关键因素也作为主要因素对待；⑤反复修改图形。

4.2　系统图法

4.2.1　系统图法的概念

系统图法是指把要实现的目的与需要采取的措施或手段系统地展开，并绘制成图，以明确问题的重点，寻找最佳解决手段或应对措施的一种方法。

系统图将问题分成目的与手段的关系,进一步进行系统的分析,以获得解决问题的可实施方案,并将构成改善对象的要素分为目的与手段或原因与结果的关系,经过系统的整理后,能够明确改善对象构成要素的相互关系。

4.2.2 系统图法的类型

在系统图法中,所用的系统图可分为两大类:一是把组成事项的要素展开为目的-手段关系,称为结构要素展开型系统图,如图4-4所示;二是把解决问题和达到目的、目标的手段或措施系统地展开,称为方法展开型系统图,如图4-5所示。

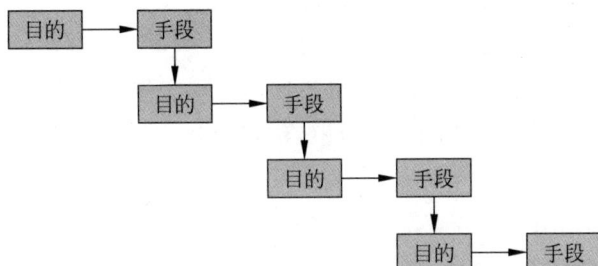

图4-4 结构要素展开型系统图

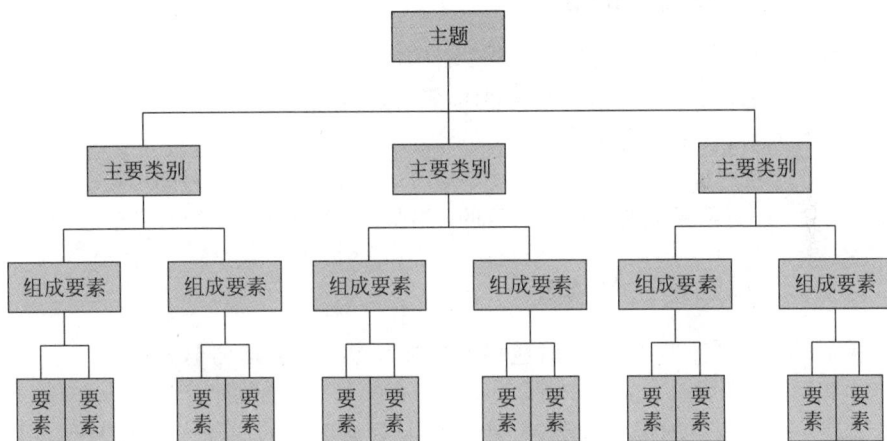

图4-5 方法展开型系统图

4.2.3 系统图法的应用

1) 系统图法的绘制步骤

① 确定目标或目的;② 提出手段和措施;③ 评价手段和措施;④ 绘制措施卡片,制作系统图;⑤ 确认目标是否能够充分实现;⑥ 制订实施计划(最好确定进度和责任人)。

2）系统图法的优点

① 图形一目了然；②可完整做出系统分析；③能避免主观判断，容易达成共识且较具说服力；④思考具有逻辑性，不会偏离主题。

3）系统图法的应用

在质量管理活动中，下面几个方面经常用到系统分析图法。

① 在开发新产品中，将满足用户要求的设计质量进行系统的展开；②在质量目标管理中，将目标层层分解和系统展开，使之落实到各部门；③在建立质量保证体系中，可将各部门的质量职能展开，进一步开展质量保证活动；④在处理量、本、利之间的关系及制定相应措施时，可用系统图法分析并找出重点措施；⑤在减少不良产品方面，有利于找出主要原因，采取有效措施。

4）系统图法的注意事项

① 系统图适用于生产管理，还可用于日常管理工作；②针对最下级手段应具体，并要提出实施对策和计划；③针对改善对策可以进行有效评价，从实效、实现性、等级等方面考虑。

4.3　矩阵图法

4.3.1　矩阵图法的概念

矩阵图法是一种利用多维思考逐步明确问题的方法。从问题的各种关系中，找出成对要素 L_j 和 R_i，用矩阵的形式排成行和列，在其交点上标示出 L 和 R 各因素之间的关系，从中确定关键点。

在寻求问题的解决手段时，若目的（或结果）能够展开为一元手段（或原因），则可用系统图法；若有两种或两种以上的目的（或结果），则其展开用矩阵图法较为合适。

4.3.2　矩阵图法的类型

矩阵图法有多种形式，使用时应根据分析对象选择合适的形式。

1）L 形矩阵图法

这是一种最基本的矩阵图法，由要素 A 与要素 B 组成的事件按行与列排列成图 4-6 所示的矩阵图。L 形矩阵图法适用于探讨多种目的与多种手段之间的关系（包含多种结果与多种原因之间的关系）。

2）T 形矩阵图法

T 形矩阵图法是要素 A 与要素 B 的 L 形矩阵同要素 A 与要素 C 的 L 形矩阵图组合使用的矩阵图。即表示要素 A 分别与要素 B、要素 C 对应的矩阵图，如图 4-7 所示。

3）Y 形矩阵图法

Y 形矩阵图法是要素 A 与要素 B，要素 B 与要素 C，要素 C 与要素 A 3 个 L 形矩阵组合使用的矩阵图。即表示要素 A 与要素 B，要素 B 与要素 C，要素 C 与要素 A 三对要素两两之间对应关系的矩阵图，如图 4-8 所示。

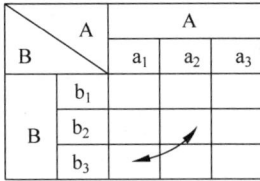

图 4-6 L 形矩阵图

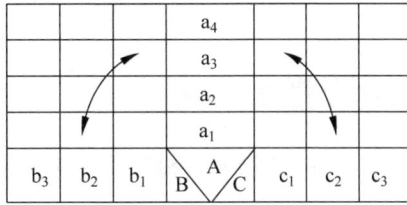

图 4-7 T 形矩阵图

4）X 形矩阵图法

X 形矩阵图法是要素 A 与要素 B，要素 B 与要素 C，要素 C 与要素 D，要素 D 与要素 A 分别有对应关系的矩阵图。该矩阵图是由 4 个 L 形矩阵图构成的，如图 4-9 所示。在实际应用中这种矩阵图并不常见。

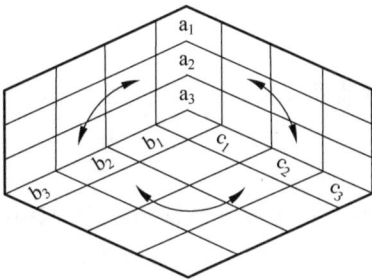

图 4-8 Y 形矩阵图

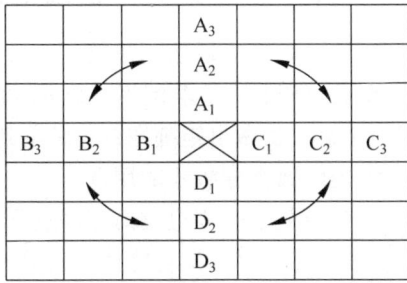

图 4-9 X 形矩阵图

5）组合图（矩阵图和系统图）

若做矩阵图所取的对应要素 A、B 确定，则可将各要素利用系统图予以展开，直到得出有意义的末级水平要素 a_1、a_2，…及 b_1、b_2，…，然后将各 a、b 对应起来，即可做出图 4-10 所示的矩阵图。

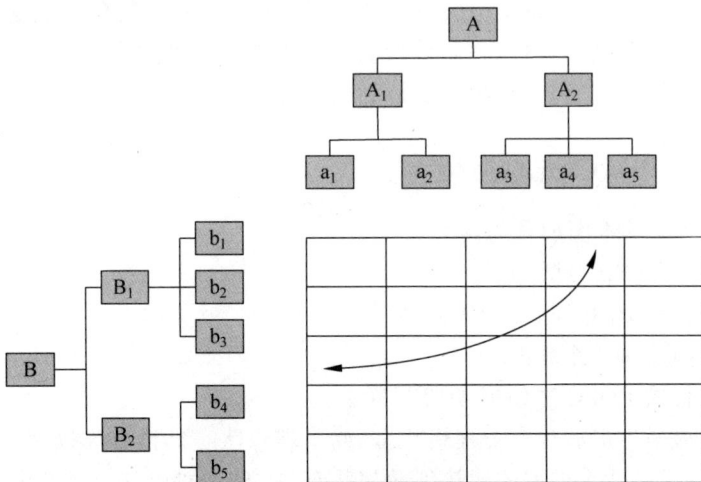

图 4-10 组合图（矩阵图和系统图）

4.4 矩阵数据分析法

4.4.1 矩阵数据分析法的概念

矩阵图上各元素间的关系如果能用数据定量化表示,就能更准确地整理和分析结果。这种可以用数据表示的矩阵图法,叫作矩阵数据分析法。矩阵数据分析法中的主要方法为主成分分析法,主成分分析法是一种将多个变量转化为少数综合变量的一种多元统计方法。运用数量化方法和主成分分析法等多变量分析方法可以处理各种观测数据,例如进行成矿规律的评价、矿产预测、构造解释等。

4.4.2 矩阵数据分析法的应用

1) 矩阵数据分析法的步骤

① 收集资料;② 求相关系数 r;③ 用计算机辅助计算,由相关行列求出特征值和特征向量;④ 做出矩阵图;⑤ 做出判断。

2) 矩阵数据分析法的用途

① 对由复杂因素组成的工序进行分析;② 对包括多变量数据的质量问题因素进行分析;③ 对感官检验特性进行分类与系统化;④ 对市场调查数据进行分析,掌握用户质量要求;⑤ 对复杂质量进行评价;⑥ 对曲线对应的数据进行分析等。

4.5 PDPC 法

4.5.1 PDPC 法的概念

PDPC(process decision program chart)法——过程决策程序图法,是为了完成某个任务或达到某个目标,在制订行动计划或进行方案设计时,预测可能出现的障碍和结果,并相应地提出多种应变计划的一种方法。

4.5.2 PDPC 法的类型

PDPC 法的基本图形分为两类。

1) 顺向进行式(类型 I)

顺向进行式 PDPC 法如图 4-11 所示。

2) 逆向进行式(类型 II)

逆向进行式 PDPC 法如图 4-12 所示。

这种图形是当最后状态为理想状态(或非理想状态)时,首先确定 Z,然后从 Z 出发,反推需经过什么过程才能达到最初状态 A_0 的一种方法。理想状态(或非理

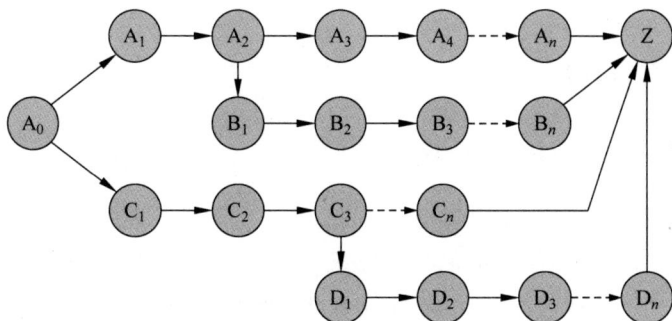

图 4-11　顺向进行式 PDPC 法

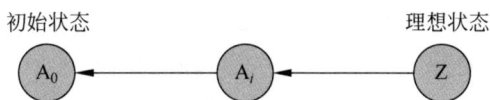

图 4-12　逆向进行式 PDPC 法

想状态)Z,如果能与最初状态 A_0 联系起来,就要对该过程进行详细研究,如同图形 I 一样,考虑其相应的措施。即当 Z 为理想状态时,从 Z 逆向而上,在大量过程中展开构思,最终设法使其与最初状态 A_0 联系。当 Z 为非理想状态时,就要考虑切断可能达到该状态的所有路线。

　　从图形上看,PDPC 法与系统图法有相似之处。即为了解决问题,均以所想到的手段方法的形式进行展开,都具有目的——手段部分,都算系统图。但是,系统图是在静态下将事物展开为目的——手段体系的,而 PDPC 法是在动态下展开的,表示从某一状态经过一段时间才能达到下一个状态,是按照时间顺序排列的。

4.5.3　PDPC 法的应用

1)PDPC 法的步骤

　　① 确定要解决的问题;②提出达到理想状态的手段和措施;③对提出的手段和措施,预测可能遇到的困难及应对措施和方案;④将各项措施按紧迫程度、所需工时、实施的可能性及难易程度进行分类;⑤决定各项措施实施的先后顺序,并用箭头向理想状态方向连接起来。⑥确定实施负责人及实施期限;⑦不断修订 PDPC 图。

2)PDPC 法的应用

　　① 制订目标管理中的实施计划;②制订研究项目的实施计划;③预测系统中的重大事故并制定相应措施;④制定预防制造工序中出现不良情况的措施;⑤提出或选择谈判过程中的对策等。

4.6 网络图法

4.6.1 网络图法的概念

网络图法是一种通过小组讨论的手法,用于实施某一事项或工程,旨在建立最佳日程计划,进行有效管理,确保顺利完成目标。该方法能够精确计算各项工程、计划、项目的具体日程及总日程,明确各项目之间的联系和从属关系。通过识别关键路线并采取相应措施,不断修改和优化计划,以达到缩短日程和节省费用的目的。网络图法的特点在于,各项工作是否按期完成对整体计划能否如期完成的影响表现得非常清楚。若各项工作提早或延后完工,可以立即量化整个计划最终完成日期的变化。这种安排可使计划有条不紊,有助于清晰地了解工作进度对整体计划的影响。

4.6.2 网络图法的应用

1) 网络图法的步骤

① 明确主题;② 确定必要的作业和(或)日程;③ 按先后顺序排列各作业;④ 考虑同步作业,排列相应位置;⑤ 连接各作业点,标准日程;⑥ 计算作业点和日程;⑦ 画出关键路线。

2) 网络图法的适用范围

① 用于新品开发计划和管理;② 用于产品改进计划的制订和管理;③ 用于试生产阶段的计划制订和管理;④ 用于量产阶段的计划制订和管理;⑤ 用于工厂迁移的计划和管理;⑥ 用于工程安装、修缮计划和管理;⑦ 用于各种事物的统筹。

4.7 小结

本章介绍了关系图法、系统图法、矩阵图法、矩阵数据分析法、PDPC 法、网络图法 6 种全面质量管理方法,对其基本概念、绘制过程、注意事项及应用场景等进行了详细阐述。

复习思考题

1. 关系图法的适用范围是什么? 分为几种类型?
2. 简述系统图法的绘制步骤。

3. 矩阵图法的类型有哪些？矩阵图法与系统图法结合使用能获得怎样的效果？

4. 矩阵数据分析法的主要方法为主成分分析法，它的计算步骤有哪些？

5. 试画出日常生活中对某一问题进行决策的 PDPC 图。

6. 简述网络图法的绘制步骤和应用范围。

第 5 章

制造质量控制智能化方法

　　随着市场经济的发展和竞争的日趋激烈,市场及用户对产品质量提出了更高、更严甚至苛刻的要求。为满足用户要求,靠质量赢得用户,从而占领市场,全面产品质量管理成为制造企业面临的重大难题。据统计,60%～70%的产品质量问题来源于加工和装配过程,其涉及的质量数据规模庞大、类型多样、关系变化复杂,利用传统的质量控制方法通常很难进行有效的控制。针对制造业数据呈现出的大体量、多源性、连续采样、价值密度低、动态性强等特点[1],通过运用大数据、物联网、数字孪生等技术对企业产生、拥有的海量数据进行挖掘、分析与决策,形成实际可行的质量控制智能优化方法,实现产品全生产流程的质量管理,从而满足市场要求,提高企业竞争力[2]。本章将分别讨论 CPS 数据模型、因素识别方法、指标预测方法及参数优化方法,并以柴油发动机质量控制和晶圆良率控制为实际案例展开详细介绍。

5.1　CPS 数据模型

　　信息物理系统(cyber-physical systems,CPS)是物理实体的数据模型映射,通过数据模型优化实体。CPS 中的数据应具有以下 5 个关键特征[3]。

　　(1) 异构性:CPS 网络支持多种异构网络互联和多种复杂的异构应用系统集成,因而涉及多种多样的异构数据。

　　(2) 动态性:描述 CPS 实体的数据具有动态性。

　　(3) 实时性:大多数 CPS 的建立是为了支持实时应用,通过网络化控制手段对物理设备和环境进行必要的控制和干预。

　　(4) 海量性:CPS 网络是由数亿或数十亿台物理设备彼此连接、整合而成的动态网络,这些数量庞大的智能设备可进行实时数据采集和彼此之间信息的交互,产生巨大的数据量。

　　(5) 可信性:一方面,由于 CPS 网络的复杂性,系统中存在许多不可预知的因素;另一方面是隐私保护,要求在对原始数据内容保密的情况下提供定制服务。

5.2　因素识别方法

产品生产过程中存在很多生产要素,这些生产要素的波动最终导致产品质量的不确定性与不稳定性。如果对每个生产要素都加以控制,一方面随着产品制造复杂程度的提升,控制的维数急剧增加,控制难度较大;另一方面,并非所有因素都对产品质量产生重大影响,盲目的质量控制会造成人力、物力、财力的浪费[4]。因此,首要任务是识别出制造过程中的关键影响因素,这就使关联关系分析方法成为一种强有力的手段。下面将对关联关系分析方法进行简要介绍。

5.2.1　传统的相关系数法

传统的相关系数主要是指线性相关系数,也称皮尔逊相关系数,是线性变换下不变的一种相关指标,具有计算方便、可度量多元正态分布相关性、在非线性递增变换下具有不变性等优点,但是只能度量随机变量之间的线性相关关系,而且要求随机变量方差必须有限。

两个变量之间的皮尔逊相关系数定义为两个变量之间的协方差和标准差的商:

$$\rho_{X,Y} = \frac{\mathrm{cov}(X,Y)}{\sigma_X \sigma_Y} = \frac{E[(X-\mu_X)(Y-\mu_Y)]}{\sigma_X \sigma_Y}$$

上式定义了总体相关系数,常用希腊小写字母 ρ 作为代表符号。估算样本的协方差和标准差,可得到皮尔逊相关系数,常用英文小写字母 r 代表:

$$r = \frac{\sum_{i=1}^{N}(X_i - \overline{X})(Y_i - \overline{Y})}{\sqrt{\sum_{i=1}^{n}(X_i - \overline{X})^2)}\sqrt{\sum_{i=1}^{n}(Y_i - Y)^2)}}$$

r 亦可由 (X_i, Y_i) 样本点的标准分数均值估计,得到与上式等价的表达式:

$$r = \frac{1}{n-1}\sum_{i=1}^{n}\left(\frac{X_i - \overline{X}}{\sigma_x}\right)\left(\frac{Y_i - \overline{Y}}{\sigma_Y}\right)$$

式中,$\dfrac{X_i - \overline{X}}{\sigma_x}$、$\overline{X}$ 及 σ_x 分别是对 X_i 样本的标准分数、样本的平均值和样本的标准差。

5.2.2　Granger 因果分析法

Granger 因果分析法的主要思想如下:假设 Ω_t 是包含截至当前时刻 t 的所有信息集合,Z_t 和 Y_t 是两个时间序列。$Z_t(h|\Omega_t)$ 表示在已知信息集 Ω_t 条件下对

Z_t 的 h 步预测,相应的 h 步预测的最小均方误差用 $\sum Z(h \mid \Omega_t)$ 表示。如果至少存在一个 h,满足

$$\sum_z (h \mid \Omega_t) \neq \sum_z (h \mid [\Omega_t \backslash \{Y_s \mid s \leqslant t\}])$$

$$h = 1, 2, \cdots$$

则称 Y_t 与 Z_t 之间存在 Granger 相关,其中,$\Omega_t \backslash \{Y_s \mid s \leqslant t\}$ 表示在信息集 Ω_t 中除去 Y_t 在 t 时刻及以前的信息之后剩余的信息集合。

对于 Granger 因果相关分析法,比较常用的是 Granger-Wald 检验。其定义如下:

$$\lambda_\omega = [(I_h \otimes R)H^{(h)} + \overline{\omega_\lambda}^{(h)}]' \times [(I_h \otimes R)\sum H^{(h)} + \lambda \sum_{\bar{\omega}} (h)]^{-1} \times$$

$$[(I_h \otimes R)H^{(h)} + \overline{\omega_\lambda}^{(h)}]$$

式中,$\lambda > 0$,是某一固定实数,且有:

$$\sum_{\bar{\omega}} (h) = \begin{bmatrix} 0 & 0 \\ 0 & I_{h-1} \otimes \mathrm{diag}(R\Sigma R') \end{bmatrix}$$

$$H^{(h)} = [\alpha^{(1)'}, \alpha^{(2)'}, \cdots, \alpha^{(h)'}]'$$

$$\bar{\omega}_\lambda^{(h)} \sim N(0, \lambda\Sigma(h))$$

Granger 因果分析法在许多领域都得到了应用,但是对于复杂非线性系统,关联关系分析得出的结果并不可靠。近年来,也有许多基于非线性预测理论方法对 Granger 因果分析法进行了改进,如基于径向基函数的非线性因果关系分析模型,以传递熵作为相关性判别标准的非参数因果关系检验方法等。此外,Touz[5] 等在局域预测模型的基础上,将复杂的非线性问题应用于局域线性化,并提出评价非线性序列之间关联关系的方法。

5.2.3 主成分分析法

主成分分析(principal component analysis,PCA)法是常用的传统多变量关系分析方法,是利用统计原理建立描述系统的低维模型的方法。一方面可以提取输入变量间的主要特征,另一方面可以降低输入变量的维数。

最经典的做法是用 $F1$(选取的第一个线性组合,即第一个综合指标)的方差表达,即 $\mathrm{Var}(F1)$ 越大,表示 $F1$ 包含的信息越多。因此在所有线性组合中选取的 $F1$ 应该是方差最大的,故称 $F1$ 为第一主成分。如果第一主成分不足以代表原来 P 个指标的信息,再考虑选取 $F2$ 即第二个线性组合,为有效反映原来的信息,$F1$ 已有的信息就无须出现在 $F2$ 中,用数学表达式表示即要求 $\mathrm{Cov}(F1, F2) = 0$,此时称 $F2$ 为第二主成分,以此类推,可以构造出第三、第四、$\cdots$、第 P 个主成分。

主成分分析法的主要步骤如下。

(1)进行指标数据标准化。

（2）进行指标之间的相关性判定。

（3）确定主成分个数 m。

（4）确定主成分 F_i 表达式，$F_i = a_{1i}X_1 + a_{2i}X_2 + \cdots + a_{pi}X_p$，$i = 1, 2, \cdots, m$。

（5）为主成分 F_i 命名。

基于 PCA 提取出的变量的主成分之间相互独立，能有效降低维数并提升预测精度。然而如果变量间存在较强的非线性，往往得不到好的预测结果。因此，Scholkopf[6]等借鉴支持向量机中核函数的思想，提出了基于核函数的主成分分析（kernel principal component analysis，KPCA）方法，利用非线性变换将原始变量映射至高维特征空间。虽然通过选择不同的核函数可以有效分析非线性主成分，解决许多非线性关联分析问题，但是主成分提取模型本身参数较多、结构复杂，设置恰到好处的模型参数有难度；另外，对于具有实际意义的复杂系统而言，提取出的主成分难以解释其对应的物理意义，无法用于指导进一步的复杂系统优化控制。

5.2.4　互信息法

互信息是信息论中信息度量的一种方式，可以理解为一个随机变量中包含的关于另一个随机变量的信息。当随机变量 X 和 Y 之间相互独立时，对应的互信息为零；当两者具有一定的相关性时，互信息为某一正值。互信息可以描述非线性关联关系，且不易受到噪声及初始化过程中数据转化的影响[7]。

综上所述，每种关联关系分析方法都有各自的适用范围和优缺点。在实际应用中应根据实际数据特征，选择最合适的关联关系分析方法。表 5-1 对上述介绍的方法以及其他关联分析方法的适用范围、优缺点进行了简要的归纳总结。

表 5-1　常见关联关系分析方法的优缺点对比

方　法	适用数据特点	优　点	缺　点
Pearson 相关系数	变量为连续变量；近似正态分布；线性关系	计算简单	只能描述线性关系；使用条件多；数据中往往具有厚尾特性，没有方差
秩相关系数（Spearman/Kendall）	离散、连续；正态、非正态分布；线性、非线性	可以描述简单的非线性关系	对数据排序之后，信息会失真；变量服从正态分布，准确度不如 Pearson 相关系数；适用于两个变量的相关性
尾部相关系数	非线性；多变量	可以描述变量极值变化的相关性	计算过于复杂，一般难以进行尾部相关性分析

续表

方　　法	适用数据特点	优　　点	缺　　点
Granger 因果分析	时间序列变量具有非对称特征关系	可以用于时间序列变量的相关性度量，可以捕捉非对称特征关系	只能定性地分析，并不能定量地描述相关关系；仅适用于二元序列的关联分析；信息集的选择，需要保证不遗漏重要相关信息，才能对因果性进行有效解释
Copula 函数	非线性；多变量；正态、非正态	可反映随机变量的非线性关系；结构建模与边缘分布无关；使尾部相关系数的计算简单化	目前多元扩展较少；有自身特点和适用对象，需选择合适的函数；需精确估计函数参数
互信息（基于信息熵理论）	非线性；多变量；可度量图像与图像、文字与文字间的相关性	可描述线性、非线性；不易受噪声及初始化过程中数据转化的影响；可信息量归一化	联合概率密度估计的准确度会影响相关性的度量；并不存在有效的多项式算法，只存在启发式近似算法
Copula 熵	线性、非线性；多变量	在衡量非椭圆分布族的相关性方面效果优良；计算简便、不受维数限制	计算复杂

5.3　指标预测方法

生产过程监控和诊断致力于判别生产过程中是否存在异常波动并分析异常产生的原因，以有效降低产品次品率，但是这种监控方法只能在异常发生时报警，不能预报可能出现的异常状况，具有一定的滞后性。作为过程质量控制与改进的另一项重要内容，质量预测技术弥补了这一不足，可使生产人员提前掌握质量变化的趋势，在质量控制中变被动防御为主动预防。

构建精确的预测模型是实现过程质量预测控制的关键，国内外学术界结合不同的工业应用，围绕质量预测模型的构建开展了大量研究工作[8]，主要包含以下几种方法。

5.3.1　质量预测机理建模方法

质量预测机理建模是指在对过程工艺有充分了解的基础上,例如根据物料平衡、热量平衡、汽液平衡等机理,建立以微分方程或代数方程为主要表达式的动态数学模型。机理建模方法依靠坚实的理论基础,能够构建出精确的模型,在一些机理研究体系较为完善的化工过程中得到了应用。但是工业过程普遍存在非线性、复杂性和不确定性等特点,大多数情况下难以构建完整的机理模型[9]。

5.3.2　基于对象数学模型的方法

基于对象模型的方法直接利用生产过程数学模型,获取质量预测的估计值。当采用的数学模型是状态空间模型时,质量预测问题就转化为典型的状态观测和状态估计问题,估计值可表示为 Kalman 滤波的形式。Kalman 滤波的基本模型如下所示:

$$x_k = A \times x_{k-1} + B \times u_k + w_{k-1}$$
$$z_k = H \times x_k + v_k$$

式中,x_k——系统状态矩阵,z_k——状态阵的观测量(实测),A——状态转移矩阵,B——控制输入矩阵,H——状态观测矩阵,w_{k-1}——过程噪声,v_k——测量噪声。

当采用的数学模型是输入输出模型时,在对象模型结构已知的情况下,可以采用参数辨识的方法,将质量预测问题转化为传统的辨识问题,最常见的线性模型为自回归滑动平均模型,又名 ARMA(auto-regressive moving average)模型,其主要建模步骤如下。

(1) 对时间序列进行零均值平稳化处理。

(2) 选择初选模型,逐渐增加模型阶数,拟合 ARMA(n, $n-1$)模型。

(3) 进行模型适应性检验。

(4) 求最优模型。

(5) 进行变形时间序列预测。

若描述的对象为稳态模型,可采用 Brosillow 估计器建立质量预测模型;若描述的对象为动态模型,可采用自适应估计方法建立质量估计模型,这类方法最终将问题转化为基于自回归滑动平均模型的递推估计问题。

5.3.3　质量预测统计回归方法

质量预测统计回归方法包括多元回归、主元回归、最小二乘回归等。它是从实验或观察数据出发寻找合适的数学模型,以近似表达变量之间的数量关系,对变量之间的密切程度进行预测和推断。基于统计回归的方法能够充分利用数据的多变量特性,适于处理数据量大且数据间相互关联的情况。由于可提供有效的数据压缩和信息提取方法,统计回归方法可以通过结合不同算法处理非线性问题,在实际工业工程中获得了广泛应用。其中多元回归的原理如下:

设 y 对 $x_1,x_2,\cdots,x_n$ 的 n 元线性回归方程为

$$\hat{y}=b_0+b_1x_1+b_2x_2+\cdots+b_nx_n$$

式中,$b_0,b_1,b_2,\cdots,b_n$ 为回归系数。即 $b_0,b_1,b_2,\cdots,b_n$ 应使回归估计值 $\hat{y}$ 与实际观测值 y 的偏差平方和最小。

令

$$Q=\sum_{j=1}^{m}(y_j-\hat{y}_j)^2=\sum_{j=1}^{m}(y_j-b_0-b_1x_{1j}-b_2x_{2j}-\cdots-b_nx_{nj})^2$$

式中,Q 是关于 $b_0,b_1,b_2,\cdots,b_n$ 的 $n+1$ 元函数。根据微分学求多元函数极值的方法,若要使 Q 达到最小,则应有

$$\begin{cases} \dfrac{\partial Q}{\partial b_0}=2\sum_{j=1}^{m}(b_0+b_1x_{1j}+b_2x_{2j}+b_3x_{3j}+\cdots-y_j)=0 \\ \vdots \\ \dfrac{\partial Q}{\partial b_i}=2\sum_{j=1}^{m}(b_0+b_1x_{1j}+b_2x_{2j}+b_3x_{3j}+\cdots-y_j)(x_{ij})=0 \end{cases}$$

式中,$i=1,2,\cdots,n$。

经整理,可求解出回归系数 $b'_0,b'_1,b'_2,\cdots,b'_n$,于是得到 n 元回归方程:

$$\hat{y}=b'_0+b'_1x_1+b'_2x_2+\cdots+b'_nx_n$$

除以上传统方法外,产品质量预测方法还包括专家系统、神经网络和支持向量机方法。随着深度学习理论的发展,神经网络模型在处理复杂非线性关系问题时也得到了很多应用,且利用深度模型手段,实现以特征学习为目的的深度学习方法能有效处理复杂非线性关系。同时预测范围也从单工序扩展到多工序,从工序级提升到系统级[10]。

5.4 参数优化方法

基于数据的预测模型通常包含重要的参数,模型的选取对于预测模型的性能有着重要影响,如最小二乘支持向量机的核函数参数和惩罚因子、神经网络中隐含层神经元个数及学习率等。针对此类参数的优化方法包括基于梯度的优化方法和基于智能优化的方法等[11]。

5.4.1 基于梯度的优化方法

基于梯度的优化方法利用目标函数的梯度信息进行优化,是机器学习中使用

较为广泛的方法。该方法可以建立明确的优化搜索方向,但对初始值较敏感,易陷入局部最优。常用的基于梯度的优化方法包括梯度下降法、共轭梯度法等[12]。

1) 梯度下降法

梯度下降(gradient descent)法或最速下降(steepest descent)法是求解无约束最优化问题的一种常用方法,具有实现简单的优点。梯度下降法是迭代算法,每一步都需要求解目标函数的梯度向量。

梯度下降法算法如下。

输入:目标函数 $f(x)$,梯度函数 $g(x)=\nabla f(x)$,计算精度 ε。

输出:$f(x)$ 的极小点 x^*。

(1) 取初始值 $x^{(0)}\in R^n$,置 $k=0$。

(2) 计算 $f(x^{(k)})$。

(3) 计算梯度 $g_k=g(x^{(k)})$,当 $\|g_k\|<\varepsilon$ 时,停止迭代,令 $x^*=x^{(k)}$;否则,令 $p_k=-g(x^{(k)})$,求 λ_k,使 $f(x^{(k)}+\lambda_k \mathcal{P}_k)=\min\limits_{\lambda\geqslant 0}f(x^{(k)}+\lambda \mathcal{P}_k)$。

(4) 置 $x^{(k+1)}\leftarrow x^{(k)}+\lambda_k \mathcal{P}_k$,计算 $f(x^{(k+1)})$。

当 $\|f(x^{(k+1)})-f(x^{(k)})\|<\varepsilon$ 或 $\|x^{(k+1)}-x^{(k)}\|<\varepsilon$ 时,停止迭代,令 $x^*=x^{(k+1)}$。

(5) 否则,置 $k=k+1$,转(3)。

当目标函数为凸函数时,梯度下降法的解是全局最优解。但在一般情况下,其解不保证是全局最优解,函数的收敛速度也未必快。

2) 共轭梯度法

共轭梯度算法可推广到求非线性规划问题,称为非线性共轭梯度算法。共轭梯度算法的中心思想是相邻搜索方向具有共轭性,从而提高算法在接近最优解时的收敛速度。

非线性共轭梯度算法的一般结构如下。

(1) 给定 $x_1\in R^n$,$0<\epsilon\ll 1$,令 $d_1=-g_1$,$k=1$。

(2) 若 $\|g_k\|\leqslant\epsilon$,停止,否则,转下一步。

(3) 由线搜索确定步长 α_k。

(4) 令 $x_{k+1}=x_k+\alpha_k d_k$,计算参数 β_{k+1},若 $\|g_{k+1}\|\leqslant\epsilon$,则停止,否则转下一步。

(5) 计算

$$d_{k+1}=-g_{k+1}+\beta_{k+1}d_k$$

(6) 令 $k:=k+1$,转(3)。

在工业应用中通常会将基于梯度的优化方法和其他方法相结合,以更好地优化模型参数,如与基于噪声估计的方法、基于误差密度函数估计的方法、网格搜索算法等相结合。

5.4.2 基于智能优化的方法

基于智能优化的方法是一种启发式优化方法,此类方法都是从任一解出发,按照某种机制,以一定的概率在整个求解空间中探索最优解[13]。

1)遗传算法

遗传算法(genetic algorithm,GA)是建立在达尔文进化论及孟德尔遗传学说基础上,模拟自然生物界遗传机制和进化理论的优化方法。GA 在整个搜索迭代过程中自动获取并积累相关知识,自适应地控制搜索过程,逐步进化得到最优解。算法根据种群中每一个体的适应度值进行个体的选择、交叉和变异操作,从而产生新的个体,不断地进化,使新产生的个体比原来的个体具有更高的适应度值,更优秀。GA 具有隐含的并行性和全局搜索能力,对问题的依赖程度低,通用性强,适合求解各类问题。

2)模拟退火算法

模拟退火(simulated annealing,SA)算法模拟了物质退火的物理过程。退火是指将物质加热后再按照一定的速度进行冷却,物质中原子初始温度较高、内能较大,在退火过程中内能不断减小,逐步到达稳定状态,找到比原先位置具有更小内能且更稳定的新位置。模拟退火算法具有一定的并行性,结合概率突跳特性在解空间中随机寻找目标函数的全局最优解,具有很强的全局搜索能力,使算法能够找到全局最优解。

3)禁忌搜索算法

禁忌搜索(tabu search,TS)算法又名 tabu 搜索算法。TS 算法是局部搜索算法的一种推广,它通过模拟人类记忆的原理,将一些局部最优解记录在禁忌搜索列表中,期望跳出局部最优。在 TS 算法中,首先确定一个初始解,并在初始解的邻域进行搜索,选取其中的最优解作为当前解,将本次搜索的数据存储到禁忌表中,以免重复搜索;再对当前解进行邻域搜索,如果搜索得到的最优解比已记录的最优解更优,则进行替代,并相应地修改禁忌表;否则将当前搜索得到的未被禁忌的最优解作为新的当前解,无论它是否优于当前解,同时相应地修改禁忌表。上述过程不断迭代循环,直到满足终止条件为止。禁忌搜索算法利用禁忌表记录搜索过的历史结果,在一定程度上使搜索过程避开局部极值点,并且避免对已搜索过的区域进行重复搜索,有利于开辟新的搜索区域。

4)蚁群优化算法

蚁群优化(ant colony optimization,ACO)算法模拟蚂蚁在寻找食物过程中发现路径的行为,是一种基于种群寻优的智能优化算法。它充分利用了生物蚁群能通过个体间简单的信息传递,搜索从蚁巢至食物间最短路径的集体寻优特征。蚁群算法具有两个显著的特点,即多样性和正反馈机制,其中多样性保证算法在运行过程中具有不断寻找新解的能力,而正反馈机制则保证种群中优良的信息能够被保留。多样性可看作为一种创造能力,正反馈则可看作一种学习强化能力,两者的结合能够有效增强算法的搜索能力,提高算法的求解效果。

5)粒子群优化算法

粒子群优化(particle swarm optimization,PSO)算法又称微粒群算法,最早是由 Kennedy 和 Eberhart 两位学者在 1995 年提出的。它是通过模拟鸟群觅食行为而发展起来的一种群智能优化算法。算法首先随机初始化种群,利用个体寻找到的最优解及全局最优解的信息不断迭代更新,寻求最优解。与遗传算法相比,粒子群算法种群中的粒子具有记忆功能,进化规则更简单,不需要进行遗传算法中的交叉和变异操作,只需根据所有粒子的最优位置和当前粒子的历史最优位置,以一定的机制逐步向它们靠拢即可。粒子群算法易实现、精度高、收敛速度快,自提出以来很快在各领域得到广泛的应用。

6)帝国竞争算法

帝国竞争算法(imperialist competitive algorithm,ICA)最早是由 Atashpaz-Gargari 和 Lucas 于 2007 年提出的一种新的智能优化算法。与 GA、PSO 算法、ABC(artificial bee colony)算法等受生物行为启发的群智能算法不同,ICA 是受社会行为启发,通过模拟殖民地同化机制和帝国竞争机制形成的一种基于群体的优化方法,其解空间由称为国家的个体组成,随后又将国家分为几个子群,称为帝国。在每个帝国内,通过同化机制使非最优国家(殖民地)向最优国家(帝国主义国家)靠近,该过程类似于 PSO 算法。帝国竞争机制是 ICA 的关键,通过帝国竞争机制将最弱帝国中的一个或多个殖民地移动到其他帝国,使帝国之间可以进行信息交互。目前,国外已有许多学者对 ICA 的性能改进及实际应用进行了大量研究,也取得了一定的进展。被广泛用于解决各种实际优化问题,如调度问题、分类问题、机械设计等。

上述智能算法虽然在参数优化过程中容易获得全局最优解,但它们用于工业生产过程参数优化问题时依然具有较大的不确定性,具有最优搜索方向不能确定及计算复杂度高等缺点。

5.5　案例介绍

5.5.1　柴油发动机质量控制实例

本节从数据驱动质量的角度出发,以柴油发动机装配及测试过程为研究对象,挖掘发动机生产过程参数与功率质量间的关联关系,并建立装配质量预测模型,避免柴油发动机生产过程控制的盲目性[14-15]。

1. 柴油发动机功率一致性问题分析

柴油发动机制造过程的各阶段都会对柴油发动机最终质量产生重要影响。在多工序的柴油发动机加工装配过程中存在传递耦合效应。另外,加工装配过程中存在诸多影响加工质量的误差源,共同影响着柴油发动机产品的最终质量和性能,这就使柴油发动机的制造过程变得异常复杂。

柴油发动机装配过程具有如下特点。

(1) 工艺流程复杂:整机装配包括内装、分装辅助线等若干装配线,涉及的装配环节工艺工序多样。同时零部件数量繁多且装配约束关系复杂,容易出现错装漏装问题。

(2) 质量控制点众多:在装配过程中,影响发动机装配质量的质量控制点类别名目多样、数量众多,这也意味着生产过程中的质量影响因素众多。

(3) 工序耦合、关联复杂:串行与并行相结合的混流生产模式使各质量控制点之间存在非线性、多向性的复杂关联关系;同时装配偏差会以在制品的形式随着工序流不断向下一道工序传递、累计和放大,最终对柴油发动机的整体装配质量产生影响。

(4) 生产环境动态多变:零部件性能的不确定性、设备状态的不确定性、工况的不确定性、上游工序装配结果的不确定性以及人员的变动等,都会导致柴油发动机最终装配质量参差不齐。

(5) 不可预见性:实际生产中可能出现装配的零部件均为合格品、装配特性符合工艺要求,但装配后的性能不能满足要求的现象,造成这种情况的主要原因是装配上下游的约束及装配缺陷的累积,虽然工艺符合规范,但并不是最优装配,对于这种误差累计的影响具有不可预见性。

随着柴油发动机企业信息化和智能化程度的提升,数据驱动技术无疑为解决复杂制造系统分析优化与控制提供了新思路:有效利用这些具有价值的离线和在线生产数据,量化柴油发动机生产过程中的各工艺质量特性参数与功率之间的关联关系,有助于识别制造过程中的关键影响因素。同时建立柴油发动机装配质量预测模型,提高产品质量控制能力,降低生产成本。

2. 柴油发动机功率关键影响因素识别

本节我们将利用标准化互信息作为特征参数间的相关性衡量准则。互信息的概念由熵引申而来,用于衡量两个变量间相互依赖的程度,可以表示两个变量间拥有的共同信息的含量。变量 X、Y 共同拥有的信息量越大,表明 X、Y 越相关。离散随机变量 X、Y 的互信息 $I(X,Y)$ 有如下定义:

$$I(X,Y) = H(X) - H(X \mid Y) = -\sum_{x \in S} \sum_{y \in T} p(x,y) \log \frac{p(x,y)}{p(x)p}$$

1) 制造过程参数关联关系网络建模

为了表示大规模参数间的关联关系,借鉴复杂网络和信息场的概念并将其引入柴油发动机制造过程参数关联关系网络,类似引力场,该理论为研究复杂的柴油发动机制造系统内部各参数的相互作用提供了理论基础[16-17]。在柴油发动机制造过程参数关联关系网络中以参数为网络节点,以参数间的关联关系作为对应节点之间的连边权重,如果两个参数间没有关联关系,那么对应两个节点之间没有连边,按照这样的规则可以构建出制造过程参数关联关系网络模型。

在关联关系网络构建中,网络中可能存在很多节点和边,图 5-1 展示了关联关系网络简单示意图,节点 A、B、C、D、E 之间存在连边 AB、BC、CD、DE 及 BE,表明 AC 之间、AD 之间以及 BD之间不存在关联关系。

图中黑色节点表示参数,连边表示对应参数相互关联。

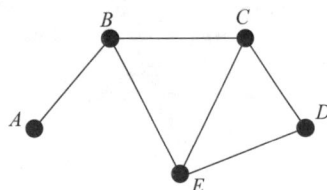

图 5-1　关联关系网络简单示意图

实际上,如果将一个柴油发动机制造系统当作一个信息场,将系统中每个参数节点当作信息源,那么任意节点之间都可以存在信息交换,然而并不是任意节点之间都存在直接的信息交换,当我们通过相关性(如 Pearson 相关系数、互信息等)观察或者评价复杂系统参数的关联性时,往往因为对系统认识存在局限及不足,错误地将观测到的节点间存在的信息交换作为直接关联,但事实上这可能是虚假关联的噪声。

对于柴油发动机制造系统,多工序复杂制造系统中存在多级工序、关联耦合、动态多变等特性,前道工序的偏差随着工序流不断向后道工序传递,表现为制造过程参数间存在传递耦合效应,参数间存在虚假关联,即上述构建的制造过程参数关联关系网络中存在传递耦合效应。因此,如何消除关系网络中的传递耦合效应,挖掘制造过程中参数的真实关联关系,对于指导制造系统优化控制具有重要意义。

2)基于网络去卷积的制造过程参数关联关系网络优化

网络去卷积(network deconvolution,ND)算法最先用于消除基因调控网络中的传递噪声问题,目前已应用于蛋白质氨基酸关联网络、基因调控网络、社会工作者关系网络分析中,并得到有效性验证。

在关联关系网络中,存在各种各样的噪声,如多工序装配过程工序质量间的关联传递,表现为质量参数关联关系中的传递耦合效应。以图 5-2 为例,图中最左侧为网络中参数节点间的直接关联网络,但是由于参数间的传递效应,使参数节点之间存在间接关联,表现为关联关系网络中存在传递效应,间接关联与直接关联相互叠加,最终形成观测到的关联关系(如图 5-2 中最右侧所示)。

如果定义 G_{obs} 为观测到的关联关系网络的邻接矩阵,G_{dir} 为直接关联关系网络的邻接矩阵,G_{indir} 为传递效应引起的间接关联关系网络的邻接矩阵,那么可以用下式描述直接关联关系网络、间接关联关系网络与观测到的关联关系网络的邻接矩阵三者间的关系:

$$G_{obs} = G_{dir} + G_{indir}$$

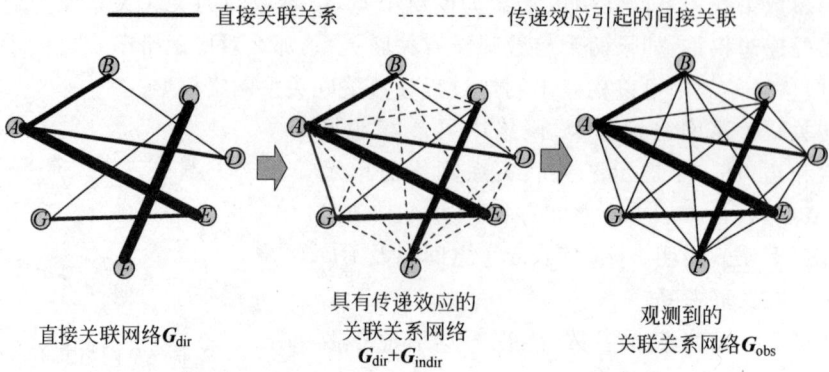

图 5-2 直接关联关系网络与观测到的关联关系网络演化图

3）关键影响因素识别

对于给定参数集 $\{X_i\}$，$i=1,2,3,\cdots,n$，为挖掘参数间的直接关联关系，基于上述标准化互信息及网络去卷积算法，参数关联关系网络建模优化分析算法步骤如下。

（1）计算标准化互信息：对于 X_i、X_j，依据下式计算 $NMI(X_i;X_j)$。

$$NMI(X_i;X_j) = \frac{2I(X_i;X_j)}{H(X_i)+H(X_j)}$$

（2）构建观测到的关联关系网络对应的邻接矩阵 $\boldsymbol{G}_{obs}$。其中 $\boldsymbol{G}_{obs(ij)}$ 为 $NMI(X_i;X_j)$。

$$\boldsymbol{G}_{obs} = \begin{pmatrix} NMI(X_1;X_1) & \cdots & NMI(X_1;X_n) \\ \vdots & \ddots & \vdots \\ NMI(X_n;X_1) & \cdots & NMI(X_n;X_n) \end{pmatrix}$$

（3）去卷积并去除链式影响，获得变量 $\{X_i\}$，$i=1,2,3,\cdots,n$ 间的直接关联邻接。

$$\boldsymbol{G}_{dir} = \boldsymbol{G}_{obs}(\boldsymbol{I}+\boldsymbol{G}_{obs})^{-1}$$

$$\lambda_{dir}^i = \frac{\lambda_{obs}^i}{1+\lambda_{obs}^i}$$

（4）依据阈值筛选获得特征子集。

3. 柴油发动机制造过程参数优化与装配质量预测

对制造过程参数进行分析、优化并对装配过程质量进行有效预测，对于提升柴油发动机产品质量控制能力、降低台架测试成本具有重要意义。

1）制造过程参数影响分析与优化策略

本节从柴油发动机结构与运行原理的角度讨论影响因素，并结合统计理论分析这些参数对发动机质量一致性的影响。

（1）扭矩对功率一致性影响规律分析。

从发动机运行来看，发动机的功率与扭矩之间存在着如下关系：

$$P = \frac{2\pi M_e n}{60 \times 1000} = \frac{M_e n}{9550}$$

式中，P——有效功率，单位 kW；M_e——扭矩，单位 N·m；n——转速，单位 r/min。

从上式可以看出，发动机的功率正比于有效扭矩与转速的乘积，而本例中转速值为 (2000 ± 3) r/min，因此可以发现发动机的功率与扭矩成正比关系。

（2）曲轴回转力矩对功率一致性影响规律分析。

柴油发动机整机性能受主轴（曲轴、凸轮轴等）部件与活塞装配质量影响很大，其中受影响的指标之一是主轴旋转时摩擦力矩的大小。曲轴回转力矩过大或过小都表明发动机装配质量存在明显缺陷，可能引起曲轴空转或者卡死。

因此可以提出改进方案：该型号柴油发动机内装线上 OP3320 工位的曲轴回转力矩原控制限设计为 $[0,60]$ N·m，如果将控制限优化为 $[0,34]$ N·m，则可以将批产柴油机的功率一致性由 68.7% 提升至 90% 以上。

（3）进气温度与中冷前温对发动机功率一致性的影响。

进气温度和中冷前温是台架测试阶段的重要参数。依据文献试验研究[18,19]，进气温度对柴油发动机的动力性能影响很大，进气温度每增加 10℃，有效功率下降约 1kW。进气温度对柴油发动机排放性能的影响也很大，随着进气温度的增加，NO_x 和颗粒物的排放量明显增加。对于中冷前温，也有类似的结论。

从表 5-2 看，24℃ 为低进气温度段的中值，最大值为 28.7℃，最小值为 11.77℃。对比原来工艺上的进气温度 11.77～43.38℃，可以从两方面优化：一方面，对于增压发动机，可以通过中冷控制调节中冷前温，控制温度以提高发动机功率，降低排放；另一方面，在台架测试环境下，可以通过启用进气空调，将温度控制在 24℃ 左右，以有效地将产品质量一致性提升 8%。

表 5-2　进气温度分布

进气温度段	最　大　值	最　小　值	中　　值
低	28.7	11.77	23.78
中	34.83	28.7	32.54
高	43.38	34.83	36.68

（4）燃油消耗率对功率一致性的影响分析。

相关文献研究表明[20,21]，燃油消耗率与柴油机的最大功率之间存在复杂的回归关系，即燃油消耗率与功率之间存在强关联关系。功率与燃油消耗率存在如下粗略的回归形式的关联关系：

$$G_{TN} = G_{TX} + b^* N_{eN}^a$$

式中，G_{TN}——柴油发动机额定功率转速点对应的耗油率，单位为 kg/h；G_{TX}——发动机最高空转点对应的耗油率，单位为 kg/h；N_{eN}^a——柴油发动机的最大功率，单位为马力；a、b——$G_T = f(N_e)$ 曲线的弯曲无因次系数和倾斜特性系数。

在实际台架测试中，可以通过调节发动机尾喷口调节片的直径，调整发动机燃油消耗率。

2）柴油发动机装配质量预测

如何针对柴油发动机装配过程，结合发动机装配过程数据，寻求新的方法对其生产过程质量进行预测和控制，对于保证柴油发动机产品质量及降低生产成本具有重要意义。本节将基于 NMI-ND 算法及支持向量机模型构建基于 NMI-ND-SVM 的柴油发动机功率质量预测模型。其流程图如图 5-3 所示。

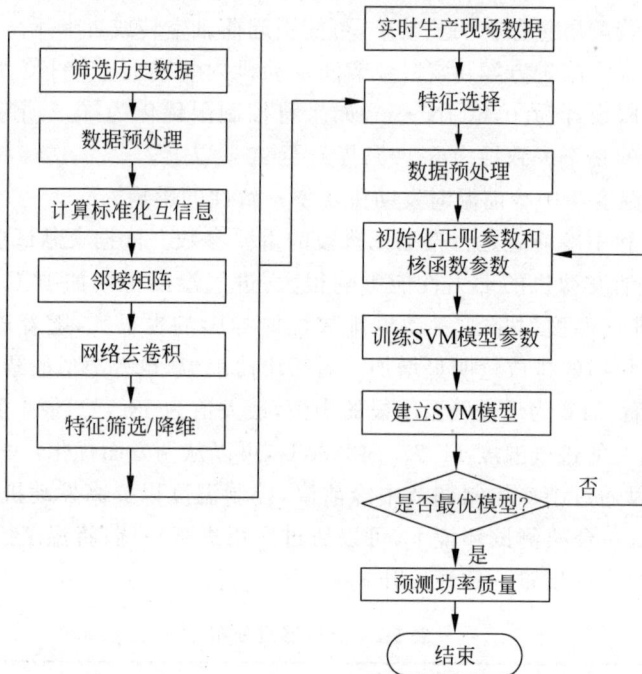

图 5-3　基于 NMI-ND-SVM 的柴油发动机功率质量预测模型流程图

3）实验分析

（1）柴油发动机功率关键影响因素识别实验分析。

① 数据集介绍。下面将利用国内某柴油发动机企业 2015 年 8 月至 2016 年 7 月的 3219 台柴油机生产过程数据对上述方法进行实验研究。柴油发动机装配线上设有 100 多个装配工位，共检测曲轴回转力矩、轴向间隙、活塞突出高度等 172 项装配特性参数。柴油机在装配下线后进入台架测试阶段，台架测试检验功率、扭矩、排气温度、排气压力等性能参数。

该型号柴油发动机的额定功率为 254kW。如果某一台柴油机台架测试功率偏差超过了额定功率的 ±3%，则认为该柴油发动机功率质量不合格，否则认为该柴油发动机质量合格。为提升批产柴油发动机功率的一致性，首要任务是挖掘柴油发动机装配生产过程中与功率直接关联的因素，指导生产过程优化控制。

② 结果及分析。在数据预处理的基础上，利用 Python 编程实现上述 NMI-ND 算法，首先获得柴油发动机生产过程参数间的标准化互信息，构建观察网络的邻接矩阵 G_{obs}。

通过构建的邻接矩阵可以发现曲轴回转力矩、进气温度、扭矩与功率之间有着较强的关联。同时大多数参数间都存在较强的关联性，一些随机参数之间也呈现出强相关，如进气温度与曲轴回转力矩，关联性达到 0.91。事实上，这两者之间不应当存在强相关关系，这可能是由于观测到的关联关系中包含链式影响造成的虚假关联。为消除这种链式噪声，我们尝试对上述由标准化互信息所得的邻接矩阵 G_{obs} 进行网络去卷积操作，消除链式噪声后得到邻接矩阵 G_{dir}。

网络去卷积方法可以有效消除大部分关联关系，包括一些虚假的关联。相反地，一些关联关系被增强，例如，曲轴回转力矩与功率之间的关联得到增强。当依据经验值将阈值设置为 0.8 时，与功率强相关的参数有扭矩、曲轴回转力矩、燃油消耗率、进气温度、中冷前温，如表 5-3 所示。

表 5-3　与功率强相关的参数

参 数 变 量	NMI-ND
扭矩	0.98
曲轴回转力矩	0.87
中冷前温	0.85
进气温度	0.84
燃油消耗率	0.81

（2）柴油发动机制造过程参数优化与装配质量预测实验分析。

① 数据集介绍。功率是柴油发动机的重要动力性能指标之一，为验证上述预测模型的性能，将上述数据集中的柴油发动机分为两类：合格品为正例，不合格品为负例。其中 2211 台柴油发动机为合格品，1008 台为不合格品，此处将合格品定义为台架测试功率与额定功率偏差在 ±3% 以内，不合格品为台架测试功率与额定功率偏差超过 ±3% 的柴油发动机。数据集的类别统计信息如表 5-4 所示。

表 5-4　数据集的类别统计信息

类　　别	数目/台	占　　比	描　　　述
正例	2211	68.7%	测试功率与额定功率偏差在 ±3% 以内
负例	1008	31.3%	测试功率与额定功率偏差超过 ±3%

② 结果分析。为评估该方法的性能,将算法与其他几个具有代表性的特征选择算法进行比较,如 ReliefF、CFS 及 FCBF 等,同时与不进行特征筛选的支持向量机模型进行对比。结合上述特征选择算法,利用"支持向量机+折交叉验证"对数据集进行分类。

从表 5-5 的横向来看,NMI-ND 算法的识别准确率要高于其他方法;从表格的纵向来看,与对负类样本的识别相比,算法对正类样本的识别准确率更高。

表 5-5 算法分类准确率

算　　法	FCBF	ReliefF	NMI-ND	Full Set
正类	92%	86.89%	98%	78.32%
负类	87.1%	82.64%	91.61%	70.3%
正类+负类	90.20%	85.56%	96.23%	75.81%

在上述对比分析基础上,为验证柴油机上数据 NMI_ND_SVM 的效果,进一步得到不同特征选择算法的支持向量机的 ROC 曲线(见图 5-4),可以发现,NMI-ND-SVM 的 AUC 值(ROC 曲线下面积)较大,达到 0.98,相比 FCBF-SVM 的 AUC 值 0.94、ReliefF-SVM 的 AUC 值 0.78,意味着 NMI-ND-SVM 具有更好的分类性能。

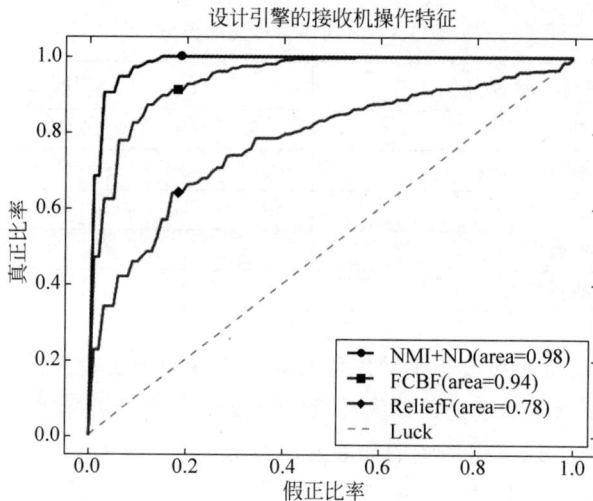

图 5-4 ROC 曲线

5.5.2 晶圆良率控制优化实例

对于半导体企业而言,产品质量情况是半导体企业获利评估的重要指标,因此许多半导体产商为提高产品质量不惜投入大量资本,引进各种先进设备、资源与技术,对半导体制程进行监控,以便在制程异常情况时及时发现异常信息,并随即采取应对方法,以减少产品损失。以下主要针对晶圆良率控制难点进行具体描述[22]。

1. 晶圆良率控制问题分析

晶圆良率控制主要是利用相关制程监控与调控手段,对晶圆产品的质量情况进行及时分析与反馈。为了更准确地对晶圆良率情况进行事前预知,有学者提出基于晶圆接受测试(wafer acceptance test,WAT)参数的晶圆良率预测思路。

对企业晶圆质量管理系统中 WAT 参数与晶圆良率数据进行分析可知,在利用 WAT 参数对晶圆良率进行预测的过程中主要存在两个显著的问题。

(1) WAT 参数众多,难以辨别关键参数。

(2) WAT 参数与良率之间映射关系复杂,难以准确构建预测模型。

2. WAT 参数选择方法

基于 HFS 模型的 WAT 参数选择方法主要包括过滤式预筛选方法和封装式精选过程方法。其中预筛选过程主要考虑 WAT 参数中单个参数对晶圆良率的影响情况,而精选过程主要考虑组合 WAT 参数对晶圆良率的影响情况。

1) 过滤式预筛选方法

本节设计基于互信息的相关性分析方法,对所有 WAT 参数与晶圆良率进行相关性分析,从中预筛选出与良率具有较强相关性的 WAT 参数。对于 WAT 参数与良率值等连续随机变量,分别对各 WAT 参数与晶圆良率值逐个进行单变量关联分析。利用互信息对 WAT 参数进行冗余性度量,从众多冗余数据中筛选出具有代表性的关键数据,以降低数据维度、减少数据冗余。

从最大相关最小冗余角度出发,设计基于互信息的最大相关最小冗余特征预筛选评价指标:

$$J(f) = I_c(X;Y) - \frac{1}{|S|} \sum_{X_i, X_j \in S} I_r(X_i; X_j)$$

式中,$J(f)$ 为基于互信息的特征预筛选评价函数,f 为所选择的 WAT 特征参数集合,且 $f \in X$,$I_c(X;Y)$ 为各 WAT 参数与晶圆良率值的互信息值,S 为已选择的特征参数子集,$|S|$ 为当前已选择特征参数的个数,$I_r(X_i; X_j)$ 是指各 WAT 参数之间的互信息值。

2) 封装式精选方法

基于 GA-BPNN 的组合 WAT 参数选择模型以封装式特征选择模型为基础,将后续的 BPNN 算法嵌入该特征选择的过程,并结合子集生成方法与适应度函数评估方法,实现候选组合特征子集在特征选择算法上的预测。与此同时,通过适应度函数对所选组合特征子集进行优劣评定,实现组合 WAT 参数的特征精选。

3. 晶圆良率预测方法

1) 晶圆针测过程

在通过晶圆允收测试后,必须针对晶圆上的各晶粒进行晶圆针测。通过针测环节对各项功能进行导通或失效测试,将晶粒测试结果分为不同功能等级的类别。针测的结果以 Bin 值的形式进行标记,可得到具有不同 Bin 值的晶圆缺陷标记图。晶圆针测中的探针台和测试机工作示意图如图 5-5 所示。

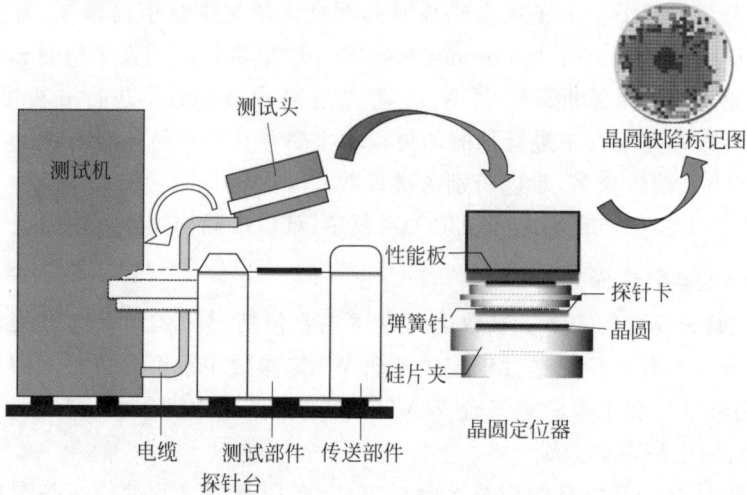

图 5-5　晶圆针测中的探针台和测试机工作示意图

2) 基于 ICDBN 的晶圆良率预测框架

针对晶圆良率预测问题中 WAT 参数与晶圆良率之间的复杂非线性映射关系问题,提出基于 ICDBN 的晶圆良率预测模型。设计由多个改进的连续型受限制的玻尔兹曼机(improved continuous restricted Boltzmann machine,ICRBM)与 BPNN 构成的晶圆良率预测模型,通过晶圆电性测试参数的无监督特征提取与晶圆良率数据的有监督回归分析,实现晶圆良率的准确预测。基于 ICDBN 的晶圆良率预测框架如图 5-6 所示。

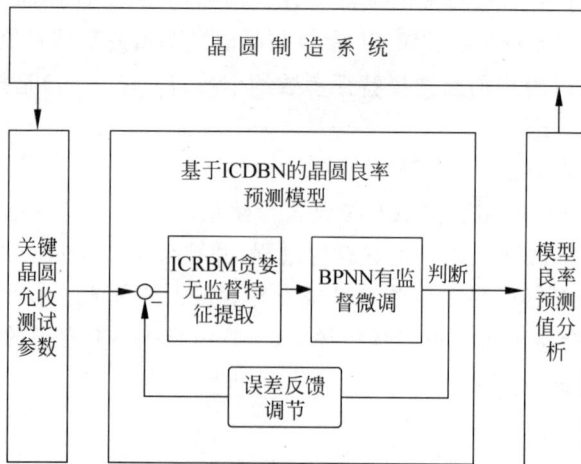

图 5-6　基于 ICDBN 的晶圆良率预测框架

通过上述提出的 HFS 模型方法,挑选出与晶圆良率相关的关键 WAT 参数,进而利用这些关键 WAT 参数对晶圆良率进行预测。同时,结合 WAT 参数连续型数据类型的特点与深度学习模型的复杂关系建模优势,设计基于 ICDBN 的晶圆良率预测模型。以下将主要介绍深度信念网络模型的原理,以及如何针对晶圆良率预测问题对深度信念网络模型进行改进。

3) 基于 ICDBN 的晶圆良率预测模型

设计 ICDBN 晶圆良率预测模型,其结构图如图 5-7 所示,以建立 WAT 参数和良率之间的复杂非线性映射关系。首先输入关键 WAT 参数,再利用 ICRBM 模型实现对输入参数的无监督特征提取,BPNN 模型调整提取的权重特征信息并输出预测良率值。

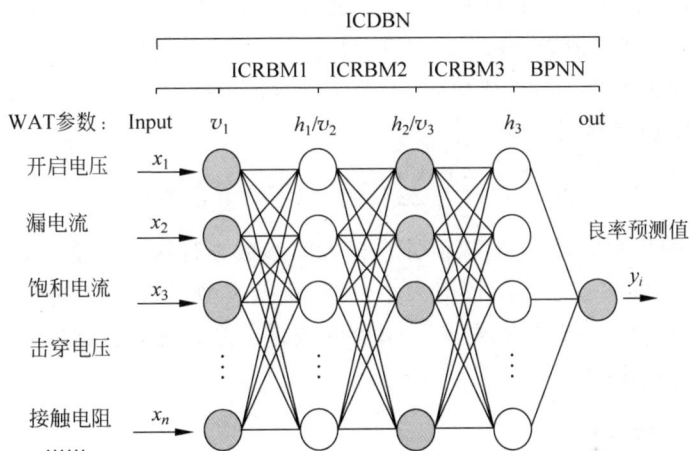

图 5-7　ICDBN 晶圆良率预测模型结构图

(1) ICRBM 贪婪无监督特征提取。

晶圆良率预测值及训练测试的 WAT 参数值都遵循连续型数据分布,因而 RBM 模型无法对其进行更精准的特征提取和输出,因此对 RBM 结构进行如下改进。

① 在 RBM 结构的基础上,在可见层与隐层神经元中增加一个均值为 0、方差为 1 的高斯变量 $N(0,1)$。

② 针对连续型输入、输出数据设计改进的连续型激活函数,利用连续型激活函数对各神经元的状态进行激活。

③ 去除 RBM 中离散化为 0-1 二值形式的过程。

通过上述三个步骤可以得到 ICRBM 模型,用于接收连续型数据类型的输入参数,提取关键 WAT 参数与晶圆良率间复杂非线性关系的特征信息,输出连续型数据类型的良率预测值。

（2）改进的 BPNN 有监督回归分析。

BPNN 模型包括权重、偏置的正向传播及误差的反向传播过程,在 ICDBN 模型中,BPNN 主要用于调整从 ICRBM 部分提取的关键 WAT 参数的权值特征信息,通过学习到的特征输出值 $\hat{y}_i$ 与晶圆良率标签数据值 y_i 进行残差平方求和 (sum squared residual,SSE),得到损失函数 $L(e)$,以平衡实际输出与期望输出之间的误差。

$$L(e) = \frac{1}{2m}\text{SSE} = \frac{1}{2m}\sum_{i=0}^{m}e_i^{\,2} = \frac{1}{2m}\sum_{i=0}^{m}(y_i - \hat{y}_i)^2$$

改进的连续型激活函数可在一定条件下增强模型的特征提取能力,却也使模型对输入参数中的噪声更为敏感,因而在晶圆良率的回归分析中易造成梯度消失、陷入局部最优,导致晶圆良率预测模型不能准确处理输入输出之间的复杂映射关系。因此对上式中的损失函数进行改进,得到带有权重惩罚因子的损失函数 $L'(e)$,通过每次对损失函数进行迭代更新,不断调整特征值的权重因子,得到偏差值与方差值都较小的稳定模型结构。

$$L'(e) = \frac{1}{2m}\sum_{i=0}^{m}(y_i - \hat{y}_i)^2 + \beta\sum_{i=0}^{m}w_i^{\,2}$$

式中,β 为正则化系数,用于对权值异常偏大的参数进行惩罚。通过对原始损失函数添加惩罚项,能够有效控制权值大小,得到所有模型参数都较小的稳定模型,在一定程度上具有缩小权重值、避免过拟合的效果。之后通过自适应矩估计器对损失函数进行迭代优化。

4. 晶圆良率优化

1）晶圆良率优化问题

（1）WAT 调控需求。

WAT 测试环节是晶圆制造过程的最后阶段,对晶圆围绕物理与电学性能进行测试(如接触电阻、饱和电流、击穿电压等),以检测制造过程中的晶圆质量情况。将 WAT 参数作为调控对象,为晶圆制程工艺提供指导,有助于减少检测设备投入、增强在线控制能力、持续提升晶圆良率[23]。

在 WAT 参数调控过程中,为减小 WAT 参数在整个算法寻优过程中的计算复杂度,各参数 $[X_1, X_2, \cdots, X_n]$ 经过归一化之后大小都在区间 $(0,1)$ 内,晶圆良率 y 的大小也在区间 $(0,1)$ 内。因此,确定 WAT 调控问题的约束条件如下:

$$x_i \in (0,1)$$
$$y_i \in (0,1)$$

（2）多目标优化特点。

在实际晶圆制造环境中,晶圆良率优化问题需要以 WAT 参数为调控对象,综合考虑最大化晶圆良率与最小化调整成本两项优化目标。

因此在 WAT 参数调控过程中,结合本案例优化晶圆良率和减少 WAT 调控参数量的需求,以及多目标之间存在的支配关系,设定两个目标函数,即提高良率 f_1 和减少调控参数量 f_2 如下:

$$f_1 = |1 - y|$$

$$f_2 = \sum_{i=1}^{n} \frac{\Delta x_i}{x_i}$$

式中,y 为晶圆良率,x_i 为优化前的调控参数,$\dfrac{\Delta x_i}{x_i}$ 为调控参数量。

针对以上需求,本案例设计的晶圆良率优化方法如图 5-8 所示。

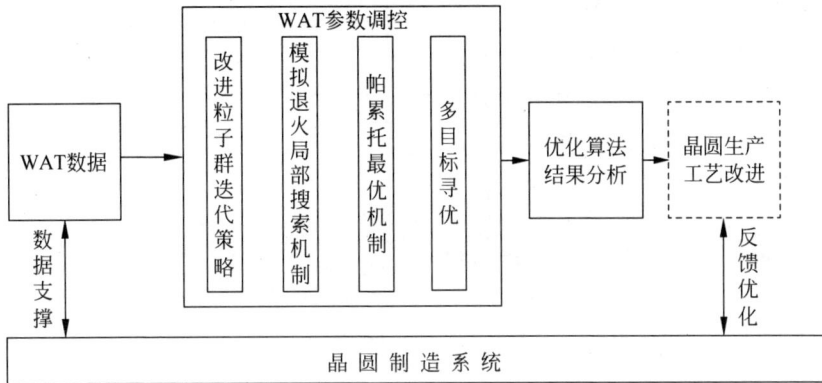

图 5-8　晶圆良率优化方法结构图

2) 基于改进粒子群算法的晶圆良率优化方法

(1) 改进粒子群算法。

在 WAT 参数搜索空间中,初始化一群随机粒子,迭代寻求最优解。同时在迭代过程中,记录粒子的 WAT 参数个体历史最优解 $p$best 和 WAT 参数全局最优解 $g$best,通过这两个解更新粒子的速度和位置。更新公式如下:

速度更新公式:

$$v_i = w * v_i + c_1 * r_1 * (p\text{best}_i - x_i) + c_2 * r_2 * (g\text{best}_i - x_i)$$

位置更新公式:

$$x_{i+1} = x_i + v_i$$

式中,w 为惯性权重,c_1、c_2 为非负常数,r_1、r_2 为 $(0, 1)$ 内的常数。

(2) 基于模拟退火算法的 WAT 参数局部搜索机制。

由于模拟退火算法具有良好的局部搜索能力,因此本案例增加了模拟退火局部搜索机制,解决粒子群算法在 WAT 参数优化过程中存在局部搜索能力差的问题,局部搜索流程图如图 5-9 所示。

(3) 多目标 Pareto 解集更新机制。

在晶圆 WAT 参数调控问题中,存在提高良率 f_1 和减少调控参数量 f_2 两个目标,迭代过程中的粒子最优解为 WAT 参数调控方案。本案例采用基于 Pareto

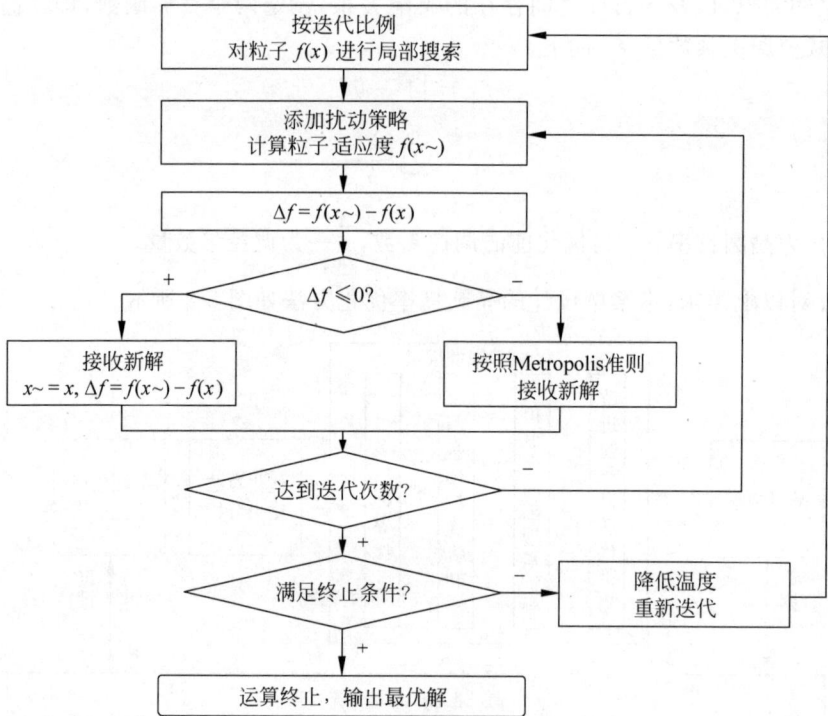

图 5-9　模拟退火局部搜索流程图

支配的方法，对 WAT 参数寻优过程中的最优解进行实时更新保存。

本案例以粒子群算法为基础，主要做了三方面改进，改进粒子群算法的 WAT 调控方法流程如下。

(1) 随机初始化算法的相关参数。

(2) 计算出每组 WAT 参数粒子对应的适应度值，根据值优劣关系，挑选一个非劣解作为粒子的个体最优 $p$best。将求解出的所有非劣解存放在外部档案中，随机选择一个作为迭代的全局最优解 $g$best。

(3) 按照速度更新公式和位置更新公式对 WAT 参数粒子的位置和速度进行更新。迭代过程中，为防止粒子越界，对更新后粒子群的位置和速度进行上下界的限制：当粒子位置超出上界时，将粒子位置设为上界；当粒子位置飞出下界时，将粒子的位置设为下界。

(4) 每次迭代产生新的非劣解，对外部档案中的解集进行比较，实时更新外部档案中的非劣解。

(5) 按迭代次数的比例，进行局部搜索。利用模拟退火的方式，对粒子个体添加扰动策略，按照 Metropolis 准则接受新个体，筛选非劣解，更新外部档案。判断是否到达最低退火温度，搜索结束。

(6) 判断迭代次数是否达到预先设定值，若是，则输出 Pareto 最优解集，否则返回(2)继续迭代。

3) 实验分析

针对 WAT 参数调控方法进行实验分析,实验分析主要包括晶圆良率数据集的分析、改进模型的参数实验验证及预测方法对比实验三部分,以下将对其进行详细分析。

将改进粒子群算法与遗传算法、传统粒子群算法、禁忌搜索算法、蚁群算法进行对比,利用实际 WAT 数据集进行实验,对 f_1 良率和 f_2 调控参数量两个目标进行归一化。其中,改进粒子群算法中的模拟退火局部搜索按照迭代次数比例添加,每 500 次对 WAT 参数粒子个体执行,模拟退火局部搜索相关参数设置为初始温度 T_0 为 1000,终止温度 T_{end} 为 0.01,退火系数 k 为 0.9。在对比算法参数设置中,遗传算法的算法参数设置如下:种群大小为 20,迭代次数为 5000,交叉概率为 0.8,变异概率为 0.01。传统粒子群算法的算法参数设置如下:种群大小为 100,惯性因子 w 为 0.04,c_1、c_2 加速因子分别为 0.3、0.3。蚁群算法的算法参数设置如下:种群大小为 100,信息启发式因子为 1,期望启发式因子为 5,信息挥发因子为 0.1,迭代次数为 5000。禁忌搜索算法的算法参数设置如下:迭代次数为 2000,禁忌表长度为 15,邻域解个数为 200,当前最优解被重复次数上限为 20。为保证对比方法的公平性,将算法外部档案集容量阈值均设置为 100。

在 WAT 的参数搜索范围内,利用改进的粒子群算法进行实验,经过迭代寻优,深色的点为迭代过程中的 $g\,best$ 全局最优点,浅色的点形成最终的 Pareto 前沿,寻优结果如图 5-10 所示。

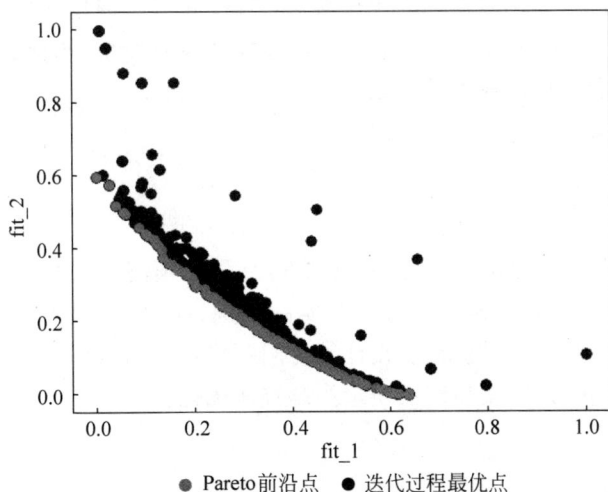

图 5-10　寻优结果

进一步将改进的粒子群算法与遗传算法、传统粒子群算法进行对比实验,其结果如图 5-11 所示。在几组对比算法中,通过对两个目标算例进行对比,改进的粒子群算法明显优于遗传算法、传统粒子群算法及蚁群算法,禁忌算法仅有少量解优于改进的粒子群算法的解集,明显体现了改进的粒子群算法的优越性。

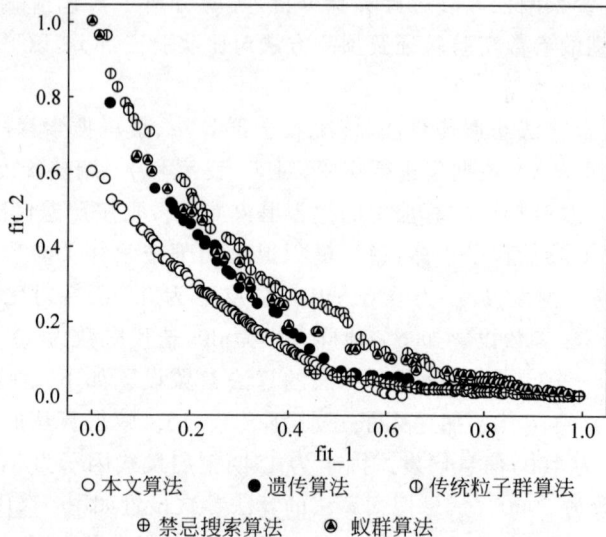

图 5-11　算法对比实验结果

经三组实验对比,最终得到一系列调控方案,在方案选择上需考虑良率优化和调控参数量两个目标,两者成反比关系。由图 5-10 可知,若优先考虑良率优化,则可以选择 $f_1 > f_2$ 的方案,企业实际生产中应选择方案中与期望良率值贴近的方案,满足实际生产过程中对良率的优化需求;若优先考虑调控导致的成本,则可以选择 $f_2 > f_1$ 方案,结合调控参数量与工艺参数之间的关系,选择实际制程参数调整最小的方案,实现生产成本的大幅降低。

5.6　小结

本章梳理了 CPS 数据模型、因素识别方法、指标预测方法及参数优化方法,以柴油发动机质量控制和晶圆良率控制为实际案例,详细介绍柴油发动机质量控制及晶圆良率控制过程的问题特点,设计针对问题特点的因素识别方法、质量预测方法及质量控制优化方法,实现产品质量控制智能优化。

复习思考题

1. 目前存在哪些常用的因素识别方法？请列举说明。
2. 请说明指标预测方法的优缺点。
3. 请列举参数优化方法中粒子群算法的优缺点,并且思考如何改进。

参 考 文 献

[1] 臧冀原,刘宇飞,王柏村,等.面向 2035 的智能制造技术预见和路线图研究[J].机械工程学报,2022,58(4):285-308.

[2] 邵志芳.智能制造生产链协同规划技术与应用[M].北京:机械工业出版社,2021.

[3] ALWAN A A,CIUPALA M A,BRIMICOMBE A J,et al. Data quality challenges in large-scale cyber-physical systems:A systematic review[J]. Information Systems,2022,105:101951.

[4] 王晓军.机械制造技术应用[M].北京:机械工业出版社,2018.

[5] TOUZ C,VIZZACCARO A,THOMAS O. Model order reduction methods for geometrically nonlinear structures:a review of nonlinear techniques[J]. Nonlinear Dynamics,2021,105(2):1141-1190.

[6] FEZAI R,MANSOURI M,TAOUALI O,et al. Online reduced kernel principal component analysis for process monitoring[J]. Journal of Process Control,2018(61):1-11.

[7] ZHOU H, WANG X, ZHU R. Feature selection based on mutual information with correlation coefficient[J]. Applied intelligence,2022,52(5):5457-5474.

[8] YUAN X, HUANG L, YE L, et al. Quality prediction modeling for industrial processes using multiscale attention-based convolutional neural network[J]. IEEE Transactions on Cybernetics,2024,54(5):2696-2707.

[9] 苏秦.质量管理与可靠性[M].3 版.北京:机械工业出版社,2019.

[10] 拉特纳.统计挖掘与机器学习:大数据预测建模和分析技术[M].郑磊,刘子未,石仁达,等译.北京:机械工业出版社,2021.

[11] 贝尼科.深度学习快速实践:基于 TensorFlow 和 Keras 的深度神经网络优化与训练[M].王卫兵,田皓元,徐倩,等译.北京:机械工业出版社,2020.

[12] DAOUD M S,SHEHAB M,ALMIMI H M,et al. Gradient-based optimizer(GBO):a review,theory,variants,and applications[J]. Archives of Computational Methods in Engineering,2023,30(4):2431-2449.

[13] 路辉.智能优化技术:适应度地形理论及组合优化问题的应用[M].北京:机械工业出版社,2021.

[14] WANG D Y,WANG Z,ZHANG S W,et al. Diesel engine quality abnormal patterns recognition based on feature fusion and adaptive decision fusion[J]. Proceedings of the Institution of Mechanical Engineers,Part B:Journal of Engineering Manufacture,2024,238(4):465-477.

[15] QIN W,ZHA D,ZHANG J. An effective approach for causal variables analysis in diesel engine production by using mutual information and network deconvolution[J]. Journal of Intelligent Manufacturing,2018(9):1-11.

[16] BATTISTON F,AMICO E,BARRAT A,et al. The physics of higher-order interactions in complex systems[J]. Nature Physics,2021,17(10):1093-1098.

[17] TORSTEN E. Information field theory and artificial intelligence[J]. Entropy,2022,24(3):374.

[18] 许鸿伟,张洁,吕佑龙,等.基于改进的连续型深度信念网络的晶圆良率预测方法[J].计算机集成制造系统,2020,26(9):8.

[19] 郑城,张洁,吕佑龙,等.基于改进粒子群算法的晶圆良率优化[J].计算机集成制造系统,2023,29(4):1165-1173.